百川汇南粤
海上丝绸之路对岭南文化的影响
丛书主编：白晓霞

高校主题出版
GAOXIAO ZHUTI CHUBAN

2016年广东省重点出版物孵化扶持项目

百川汇南粤
海上丝绸之路对岭南文化的影响

综 合 篇

沈高阳　蔺志强 ◎ 编著

中山大学出版社
SUN YAT-SEN UNIVERSITY PRESS

· 广州 ·

版权所有　翻印必究

图书在版编目（CIP）数据

百川汇南粤：海上丝绸之路对岭南文化的影响．综合篇/沈高阳，蔺志强编著．—广州：中山大学出版社，2017.12

（百川汇南粤：海上丝绸之路对岭南文化的影响丛书/白晓霞主编）

ISBN 978-7-306-06268-0

Ⅰ. ①百… Ⅱ. ①沈… ②蔺… Ⅲ. ①海上运输—丝绸之路—影响—地方文化—文化研究—广东　Ⅳ. ①K203 ②G127.65

中国版本图书馆 CIP 数据核字（2017）第 315662 号

出 版 人：徐　劲
策划编辑：吕肖剑　王延红
责任编辑：周明恩
封面设计：林绵华
责任校对：王延红
责任技编：何雅涛
出版发行：中山大学出版社
电　　话：编辑部 020-84111946，84113349，84111997，84110779
　　　　　发行部 020-84111998，84111981，84111160
地　　址：广州市新港西路 135 号
邮　　编：510275　　　传　真：020-84036565
网　　址：http://www.zsup.com.cn　　E-mail:zdcbs@mail.sysu.edu.cn
印　刷　者：广州家联印刷有限公司
规　　格：787mm×1092mm　1/16　11 印张　200 千字
版次印次：2017 年 12 月第 1 版　2017 年 12 月第 1 次印刷
定　　价：48.00 元

如发现本书因印装质量影响阅读，请与出版社发行部联系调换

丛书序

中西文明的交流与碰撞自古以来连绵不断，对世界文明产生了重要的影响。在漫长的岁月之中，中西方人民通过不同的方式进行相互交流与学习，其中一次跨越年代长、范围广且甚为重要的中西交流，就是著名的丝绸之路。

从汉代开始，中国人就开通了从广东到印度去的航道。宋代以后，随着南方的进一步开发和经济重心的南移，从广州、泉州、杭州等地出发，经今东南亚、斯里兰卡、印度等地，抵达红海、地中海和非洲东海岸。人们把这些海上贸易往来的各条航线，通称为"海上丝绸之路"。这个名称，最早由德国地理学家李希霍芬（Richthofen）1877年在《中国亲程旅行记》一书中提出。

海上丝绸之路跨越两千多年，中西方物质文明交流频繁兴盛，到元代，海上丝绸之路已经远远超越了商业的范畴，成为东西全方位交流的大动脉，是中国古代对外贸易和海上交通的重要通道。

岭南介于山海之间，北枕五岭，南临南海。南海则是海上丝绸之路的咽喉。特殊的地理区位，使岭南成为海上丝绸之路的始发地之一以及中国古代对外贸易的核心区域。

岭南与海上丝绸之路沿途各国的文化交流，从未间断，来自异域的文化养分，与岭南本土文化交织碰撞，中原文化以及各地文化对其浸润影响，形成了独具特色的岭南文化。海洋性、兼容性以及开放性成为岭南文化的特性。

文化的交流是双向的。中国奉献给西方世界以精美实用的丝绸，欧亚各国人民也同样回报了中国。通过海上丝绸之路，西域的苜蓿、葡萄与乐舞、

杂技，罗马的玻璃器，西亚、中亚的音乐、舞蹈、饮食、服饰等传入中国。

广州及岭南地区是外来佛法东渐的第一站，是外来宗教经海路的"西来初地"，多种宗教文化融汇于此，对岭南文化和社会产生深远的影响。海上丝绸之路独特的地理流动所带来的宗教与文化的冲撞与融合，为早期岭南文化艺术的发展提供了得天独厚的历史机遇。19世纪末叶以来，岭南地区的经济发展更是推动了文化的兴盛，建筑、艺术、宗教、戏剧、音乐、文学、绘画、工艺、饮食、园林、风俗等各个领域，贯穿着开放、兼容的观念。如广东的骑楼，早已跳出建筑学的范畴，成为东西文化交流史上的一个经典符号。

伴随着近代西方科学文化知识的传入，广东成为中国近代工业和革命的策源地。同时，在广州、澳门等地聚集的形形色色的商人、传教士、旅行家等，通过书信向国内介绍"中国印象"，将中国经典古籍翻译介绍至西方，推动了欧美的汉学研究，为西方了解中国打开了一扇窗。

岭南在海上丝绸之路文化交流的天时与地利，沟通东方与西方，融汇中学与西学，可谓得风气之先。中西交流不断为岭南文化注入新鲜血液，为岭南、为广东的发展注入了活力，形成了开放兼容、敢于冒险、富于创新等文化精神，在中国地域文化中独树一帜，又将这些文化精神辐射到全国。

近代以来，岭南的商帮在与西方的商贸往来中，促进了洋务人才的成长，为近代中国培养了大批洋务人才，岭南成为洋务运动的发祥地之一，开启了古老中国的近代化序幕。近代民主革命风起云涌，岭南人中之翘楚如康有为、梁启超及孙中山，执改良与革命之牛耳，推翻封建帝制，建立了亚洲第一个共和国。

进入20世纪，海洋文明浸润的岭南，再次领潮争先，成为改革开放的先行地，创造了一系列经济奇迹，并且孕育了改革开放时代的文化精神。广交会，也已成为海上丝绸之路新的里程碑。

海上丝绸之路从最初的商业交往通道，发展成为政治、文化、军事、科技和艺术等方面交流的渠道，更是一座连接东西方文明的友谊桥梁，把世界上众多国家和地区紧密联系在一起，促进了各国间的友好交往。

2013年10月3日，国家主席习近平在印度尼西亚国会发表重要演讲时明确提出，中国致力于加强同东盟国家的互联互通建设，愿同东盟国家发展好海洋合作伙伴关系，共同建设21世纪"海上丝绸之路"。而21世纪海上丝绸之路将给中国、给世界带来什么样的成就与辉煌，万众瞩目，万众期待！

此为我们出版《百川汇南粤——海上丝绸之路对岭南文化的影响》之主旨也。

白晓霞
2017年10月于广州天河

目录
CONTENTS

引　言　向海而生：岭南文化与南海丝路　　　　　　　　　　1

第一章　中华文化多元化视野下的岭南文化　　　　　　　5

　　第一节　岭南与岭南文化　　　　　　　　　　　　　　6
　　第二节　中华文化多元化视野下的岭南文化　　　　　　17
　　第三节　求同存异的文化传统与开放包容的岭南精神　　25

第二章　岭南文化发展的历史轨迹　　　　　　　　　　29

　　第一节　考古发现与岭南地区远古文化　　　　　　　　31
　　第二节　越族文化及其与中原文化的初步交融　　　　　35
　　第三节　"大一统"格局下的岭南文化沿革　　　　　　41

第三章　岭南文化软实力的近代建构　　　　　　　　　55

　　第一节　中华文化是岭南文化的实力之基　　　　　　　57
　　第二节　岭南文化个性在近代的成型　　　　　　　　　59
　　第三节　近代岭南文化变革的内涵与影响　　　　　　　67
　　第四节　岭南文化软实力与当代建设　　　　　　　　　70

第四章　南海丝绸之路的发展历程　　73

第一节　南海丝路的起源　　75
第二节　汉使航程与汉武航线　　79
第三节　广州"通海夷道"的形成　　82
第四节　郑和下西洋与大帆船贸易航线　　92
第五节　"一口通商"的格局与海上贸易　　98

第五章　岭南文化对南海丝路的孕育　　107

第六章　南海丝路与中外物质文化交流　　117

第一节　经由海上丝绸之路物质文化、科技文化的交流　　119
　　一、新农作物品种自海外传入　　120
　　二、"四大发明"等科技的对外传播　　124
　　三、西方近代科学技术的传入　　129
第二节　医疗技术与药物传播和交流及近代西方医疗
　　　　技术的东渐　　134
　　一、与亚洲各国的医疗和药物交流　　135
　　二、"人痘接种法"的西渐与"牛痘接种法"的东渐　　140
第三节　海外人文风俗的传入与宗教的传播　　146

结　语　新时代的岭南文化与海上丝路　　151

参考文献　　157

引　言
向海而生：岭南文化与南海丝路

在中华大地的南部，自西向东横亘着一组险峻的山脉，它们断续相连、绵延千里。亚热带的气候使这里植被丰茂、雨水充沛，源于无数高峰险壑的条条溪流，不断汇集壮大，奔腾而下。一半向北，成为长江的血脉；一半向南，百折千回，汇为珠江。

这一由众多山脉构成的山系在历史上称谓纷杂，最通用的名称是南岭。它是长江流域和珠江流域的分水岭，同时也无疑是文化与历史的分水岭。它用庞大的身躯隔出中华文明中的一个生存状态独特、文化特色鲜明的支系——岭南地区。奔流向南的南岭水，与她流向北方的姐妹分别见证了她们各自哺育的族群迥异的历史文化命运。

〔元〕王蒙《葛稚川移居图》，故宫博物院藏。作品描绘晋人葛洪移居惠州罗浮山隐居修炼的情景，在当时人看来，岭南地处偏远，风景清幽，是适于避世隐修的世外桃源

或许是因为以珠江流域为核心的岭南地区的植被太过茂密、河流水系太过密集、山岭间野兽横行,行路艰难,对于农耕时代的人们而言太难驾驭,以至于即使到了后来岭南已遍布鱼米之乡的时代,与之相伴的,仍多是蛮夷之地、闭塞落后等负面的标签。这种负面的印象又由于与中原文化核心区的遥远距离,由于南北沟通的参与者因个人经受的身心苦难而对这种距离的放大,最终竟演变为整个区域的人、整个区域的文化的既定身份,结果就是岭南长期扮演着中华文化边缘人的角色。苏东坡北归路上"问翁大庾岭头住,曾见南迁几个回"的感慨,透露着劫后余生的庆幸,而葛洪南迁罗浮山在当时无疑也是惊世骇俗的壮举。

然而,岭南人千百年来生生不息,岭南文化也倔强地成长着。岭南地区北向面山,南向面海。山与海曾经都是一道阻隔的墙。但环境劣势激发出的是岭南人的顽强生命力。低调务实、放低身段,唯贤是从、勇于纳新,是岭南文化最亮眼的标签。韩愈被贬潮州八个月,写下的是"恶溪瘴毒聚,雷电常汹汹。鳄鱼大于船,牙眼怖杀侬"① 这样的观感,其中对潮州环境险恶的描绘显然不无夸大,但是潮州人看重的是失意的韩愈为之带来的文化革新。"自是潮之士,皆笃于文行,延及齐民,至于

韩愈是潮州的文化标签。图为潮州韩文公祠内的韩愈纪念馆

---

① 〔唐〕韩愈《泷吏》。

今，号称易治。"① 韩山、韩江，竟使潮州成为华夏境内韩愈影响最大的区域。在此文化导向和名人效应影响之下，潮州终于发展为中华传统文化较为发达的地区之一。

正如向北的路日益拓宽，岭南与中原的文化隔阂逐渐消弭一样，岭南人也顽强地向南寻路、向海求生，百折而不回。经千年积淀，竟使岭南文化成为中华文化中最具海洋文明品格的一派！

南海丝绸之路两千多年来的不断发展演进，正是岭南人这种艰难探索的最大成果，也是岭南文化向海而生的见证。同时，更重要的是它为中华民族在经历百年挫折之后走向复兴繁荣提供了思路，提供了可能。

时代选择了岭南。岭南是西学东渐的首接地，率先经历了欧风美雨的洗礼。这里不但成为第一次中西交锋的主战场，而且孕育了第一批睁眼看世界的人，为中华立足于时代、立足于世界进行了第一次尝试。这是岭南文化的厚积薄发，也使岭南从中华文化舞台的边缘走到了中央。

当20世纪80年代的新春到来时，岭南再次不负众望，广东作为改革开放的排头兵，创造了近四十年高速高效发展的奇迹。中国走向世界，岭南赤子的贡献也可谓独领风骚。当时代面临新的挑战和机遇，"一带一路"倡议全面实施的时候，岭南人，又一次跃跃欲试，成竹在胸。

我们在这里回顾这一切，并不是要为岭南立传邀功，中华民族的复兴之路还远未到论功行赏的时候，而是要反思，是什么让"异质"渐成主流，是什么使其从"边缘"走向中心。我们应该从中体会的，是"务实""守信""开放""包容""创新"这些岭南文化的精髓是如何在中华文化的边缘积淀而成的，它们又是如何为中华文化主体带来新的生命力的；是我们应该从中为中华民族的复兴之路的设计提供什么经验和教训，今后应该如何迈出实践的脚步。

这种回顾、反思与展望，其实从未停歇。惠能、陈献章、屈大均、郑观应、梁启超、容闳、孙中山等岭南巨子为岭南文化的繁荣定下基调，当今各地以岭南文化的研究与发扬为己任的众多专家学者，如张磊、黄启臣、黄伟宗、司徒尚纪、李宗桂、李庆新、韩强、谭元亨等，也各自从不同角度解读和宣传着岭南文化，深化着我们对岭南文化的认识，回答着民族复兴与发展之路上岭南如何体现其价值、责任的问题。

岭南文化及其孕育的海上丝绸之路的发展道路，是"引进来"与"走

---

① 〔北宋〕苏轼《潮州韩文公庙碑》。

出去"并重的典范，是勇于变革、勇于创新的典范，是开放创新、包容互惠的典范。岭南地区的发展，充分证明了创新是引领发展的第一动力，充分证明了开放带来进步，封闭必然落后。在新时代的发展建设中，岭南文化必将大有作为。

在此卷小书的编著中，我们一面领略岭南文化的独特魅力，一面体会着千百年来诸位大家先哲纵论岭南文化的思想闪光，感受着岭南人文的博大精深。希望这样的总结与探索，能对进一步弘扬岭南文化有所推动，对深入认识海上丝绸之路的发展历程有所促进。

孙中山塑像。孙中山指出：吾粤之所以为全国重者，不在地形之便利，而在人民进取性之坚强；不在物质之进步，而在人民爱国心之勇猛

第一章
中华文化多元化视野下的岭南文化

第一节　岭南与岭南文化

中国南部的疆土上，自西向东横亘着险峻、绵长的越城岭、都庞岭、萌渚岭、骑田岭与大庾岭五座山脉，统称为"五岭"。五岭位于湘、粤、桂、赣之间，也是南岭的主线山脉。它既是我国南部最大的东西走向山脉，也是长江、珠江两大流域的分水岭。五岭与黔桂及闽赣地区的山地东西相接，犹如一道天然的屏障，将南部沿海的广大地区与中原腹地相阻隔。因而，自古人们就将五岭以南的地理区域称为"岭南"。

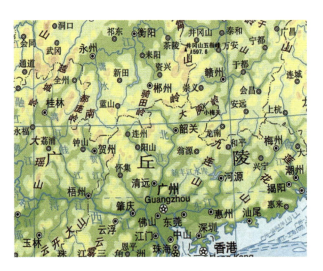

五岭方位图

最早记录"五岭"与"岭南"这样的说法的，应为《史记》。《史记·货殖列传》中有云："夫天下物所鲜所多，人民谣俗，山东食海盐，山西食盐卤，领南、沙北固往往出盐，大体如此矣。"其中的"领南"即"岭南"。《史记·张耳陈馀列传》中又云："秦为乱政虐刑以残贼天下，数十年矣。北有长城之役，南有五岭之戍，外内骚动……"该引文所讲述的，乃是秦始皇派兵征战统一岭南的百越族。

岭南自古就是百越聚居之地。古时"越""粤"二字是通用的，因此"百越族"即"百粤族"。秦朝以前，百越族广泛分布于今浙江、福建、两广一带。春秋时期，江浙一带百越族——于越，初以会稽为中心，至勾践建越国，再至秦末汉初，赵佗在岭南地区建立"南越国"，其疆域最东可达闽西，北以南岭为界，西及桂西，南临汪洋大海。此后，秦始皇统一百越国与岭南后，首设岭南三郡。这是中原王朝政权首次在岭南设置行政机构。显然，"岭南"这个名称由来已久，只是其地域范围随历朝历代行政区划的改变而有所差异。

　　五岭将岭南、岭北相阻隔，其北为长江流域，属温带。五岭以南则属于珠江水系的覆盖范围，地处北半球亚热带与热带，气候则属亚热带和热带气候。因而，潮湿、炎热为岭南地区气候的鲜明特征。单从地理角度上讲，古代交通条件落后时，岭南犹如一个相对独立的地理单元。其独特的气候条件与地理地貌环境使得岭南与其他地区之间的物质交流与文化交流自古不甚频繁。与此同时，岭南地区所独有的水文条件，又为岭南土著居民提供了相对丰富的资源，并在一定程度上影响了岭南地域性文化的发展轨迹，并逐步孕育了其个性化特征。

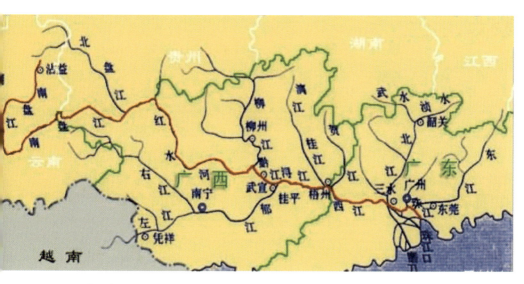

　　珠江水系是一个由西江、北江、东江及珠江三角洲诸河汇聚而成的复合水系，发源于云贵高原乌蒙山系马雄山，流经云南、贵州、广西、广东、湖南、江西6个省（区）和越南的北部，在下游三角洲漫流成网河区，经由分布在广东省境内6个市县的虎门、蕉门、洪奇门（沥）、横门、磨刀门、鸡啼门、虎跳门和崖门八大口门流入南海。珠江支流众多，水道纵横，航道条件好，特别是下游三角洲地区江潮涌动，河海一体，塑造了岭南人民独特的水文化和海洋文化性格

　　岭南地区的这种文化特征的独特性在诸多方面均得到了长足充分的体现。比如，在岭南地区建筑文化中，随处可见当地自然环境条件所留下的痕

迹与烙印，这使岭南建筑作为岭南文化的重要外在表现，与当地的自然环境有机地融合在一起。

但岭南文化最具独特性的方面，是其海洋性特征。岭南地区绵长的海岸线与周围海域中星罗棋布的岛屿，使得当地自古便发展形成了便利通畅的海上交通。因此，岭南文化具备了相当浓厚的海洋文化特征。大海孕育了当地住民敢于开拓、敢为人先的精神特质。岭南地区独特的海洋特性与水文条件，促成了岭南文化开放、兼容的核心特质与重商的基本属性，在这种海洋文化精神的推动下，岭南地区很早就成为我国对外交流的主要窗口。

岭南地区是我国通往东南亚、南亚地区的必经之地，更是通往大洋洲、东非、中东、近东地区的最为便捷的出海区域。自"汉使航线"确立以后，广州就成了"海上丝绸之路"的始发港。随着朝代的更迭与沿海对外贸易的发展，广州的外贸规模不断膨胀。及至唐宋时期，广州已成为举世闻名的商埠与世界性贸易大港。根据学者韩强的研究，近代以前，广州曾三次作为"一口通商"的口岸，分别是宋熙宁年间、明嘉靖年间和清乾隆年间，加上中华人民共和国成立后的中国进出口商品交易会（即广交会）落地广州，广州共四次被选作对外交往的唯一窗口。① 在开展对外贸易的过程中，随着海外文化的大量输入，中华文化的声誉也远播海外，岭南地区已经长期成为中国与世界文化交流的窗口。

岭南文化在中国文化之林中的独特品质的形成，还得益于岭南特殊的政治地理条件。由于自古以来，岭南地区都远离中原政治中心，这也使得岭南地区被儒学的同化程度总处在一个有限的程度上，且不易存在自我中心式的文化优越感。这也进一步成就了岭南地区文化的开放、包容等特点。"岭南作为历史上的蛮荒远地，历代都以博大的胸怀热情接纳了一批批失势的南迁客和一批批的贬官谪臣。岭南人以人性中最温情的一面温暖了这些体会了'人走茶凉'的心。在此地，谁也不会看不起谁。"② 因而，在面对外来文化的输入与冲击时，岭南文化总能表现出独立于传统文化的独立性，同时又有随时代脚步而不断革新的文化特质。林语堂在其用英文写作的《吾国吾民》中对各地风土人情各有褒贬，但对广东人的评价却十分正面："富事业精神，少挂虑，豪爽好斗，不顾情面，挥金如土，冒险而进取。"③

---

① 参见韩强《广府在古代中国外贸体制中的地位及其文化分析》，《佛山科学技术学院学报》（社会科学版）2014年第6期，第1-2页。
② 林俊风《论岭南文化的人文价值》，《神州民俗》（学术版）2010年第4期，第81-83页。
③ 黄树森主编《广东九章——经典大家为广东说了什么》，广东人民出版社2006年版，第51页。

岭南地区自然、地理环境的独特性，以及其特殊的历史发展轨迹，造就了岭南地区民系构成的相对多元与复杂。一般而言，广府人、潮汕人与客家人共同组成了岭南地区汉民族的三大民系，并逐渐衍生出各民系自家的广府文化、潮汕文化与客家文化。

狭义上讲，"广府民系"即祖先自中原迁居岭南的移民与当地越族土著相杂居、融合，所形成的"广府人"的统称。"广府人认为他们是中原移民入粤的后裔，而粤北南雄大庾岭下的珠玑巷是其祖先入粤中转站，其地位有类山西洪洞县大槐树。"[1] 在长期的历史沿革过程中，广府民系形成了自身相对独特的文化特征，其通用语言是中原汉语与南越族语言融合而形成的粤语。地踞珠江三角洲及西江、北江流域等地区的广府文化，既传承了古代越族文化的诸多特性，又深受中原文化的影响，其文化架构本身也是多元的、多层次的。广府人在三大民系中，相对开放，更倾向于接受外来的新鲜事物，并创造性地将其合为己用。广府民系所分布的主要区域，是广东地区儒家文化最早生根发芽的地方。同时该地域拥有多层次的农业经济架构，外加广州这一世界级外贸大港及其所主导的繁荣的对外贸易和文化交流，时至明代后期，珠三角地区的农业已呈现出较为明显的生产商品化趋势。这里也因此成为最具商品经济意识的地区。经济与贸易的相对发达，推动了文化的地域特征性发展。从整体上讲，地域特征性鲜明的广府文化，造就了广府人较为宽广开阔的思维与视野，以及重视商贸、勇于接纳新事物的文化特征。同时，因为受中原文化影响最为深入，所以广府人的思想中也保留着十分传统的成分。

潮州民系则主要居住在广东东部的潮汕地区。潮州民系是公元前4世纪东越人的一支后裔，是闽越族与中原南迁汉人相融合的结果。其语言为潮汕话，又称潮语、潮州话，是闽南语的一支。该民系的文化特质与广府民系和客家民系均有显著差异。其属民的风俗文化内涵颇为丰富，并且至今仍对南洋诸多国家与地区的文化产生着十分明显的影响。从文化本源上讲，潮州文化应为南越土著文化、中原汉文化与古代海外文化相互糅合而生，并发展成体系的文化系统。

单就地理条件考虑，潮汕地区早期历史上较为狭窄闭塞，生产、生活资源也严重匮乏。韩愈曾不无夸张地写下他对潮州的印象："飓风鳄鱼，患祸

---

[1] 陈泽泓《岭南文化"远儒性"说的逆命题》，《岭南文史》2010年第2期，第21-28页。

封开广信塔

广信，是公元前111年汉武帝统一岭南之后，取"初开南粤地宜广布恩信"之意。而在今封开境设置的广信县，也是苍梧郡治和交州刺史部所在地，交州刺史部是汉至三国370多年间统辖岭南九个郡（包括今越南北部）的权力机构。至宋代，以广信为界，广信以东为广南东路、广信以西为广南西路，后简称为广东、广西。这里是粤语的发源地，广府文化的核心区。

不测。州南近界，涨海连天，毒雾瘴气，日夕发作。"[①] 人与环境之间激烈的竞争关系，使得潮州人敢于开拓、冒险，且勤俭刻苦，并更倾向于与宿命做斗争。个体特征投射到宏观的潮州人民群体上，即体现出强大的个体凝聚力，潮汕人的家族凝聚力和族群的向心力十分强大，甚至成为其文化标签。潮汕地区自唐朝就是对外的通商口岸，因此当地人有十分强烈的商品意识，

---

① 〔唐〕韩愈《潮州刺史谢上表》。

表角灯塔。位于汕头市达濠半岛广澳角，被誉为汕头最美的一角。表角灯塔建于1880年，既是粤东沿海干线的重要灯塔，又是进出汕头港外航道的重要助航标志。百余年来它静静地矗立于海角，注视着一代代潮汕人离乡、归乡

同时，潮汕人也是中华族群中最敢于背井离乡外出创业的。有人说，全世界的潮汕人只有三分之一生活在今天的潮汕地区，三分之一在国内其他地方经商，三分之一在海外。[①] 其开放与探索精神，实属罕见。

但同时，相比广府文化而言，历史上的潮州文化更为显著地吸收了中原文化的元素，并出色地继承了中原文化的诸多优秀成分。直至今日，潮汕话中还保留有相当多古语的成词、成句方式。同时，自唐朝以来，潮汕人就大批迁居海外，如潮汕人很早就远赴东南亚谋生。室利佛逝国、扶南国等曾作为东南亚"海上丝绸之路"贸易中心的古国所留下的史料中，都不乏潮汕人在当地经商，甚至与王室产生联系，担任当地要职的记载。近代以来，潮汕

---

① 参见李宗桂、张造群主编《岭南文化的价值》，花城出版社2012年版，第54页。

盛安楼。位于汕头市的客家土楼。客家传统民居独具特色,客家土楼是早期客家人恶劣生存环境下的产物。无论是土楼还是围龙屋,都兼具对外防御盗匪侵扰和族群内部协作共生的功能。客家文化的独特品格也在这种氛围中逐渐生成

地区对外往来与移民更盛,成为全国最著名的侨乡之一,潮汕文化中的外来文化因素也更加突出。

客家民系则不仅限于广东,而且遍布于广西、江西、福建等地,其分布范围可谓遍及泛珠三角地区。岭南地区的客家人主要居住在广东东北部。客家民系的形成,与历史上中原移民屡次南迁有关。单从字面上讲,"客家"意即外来迁居的住民。相比其他两大民系,客家民系的形成时间较晚,且活动范围在粤、赣、桂三省的交界地带。这里的住民除了极少数古越族遗客之外,剩下的都是中原汉人的后裔。客家人南迁岭南后的聚居地选址,实则充

满了迫不得已。所谓"逢山必有客,无客不住山"反映出由于中原汉人大举南迁的年代晚于其他两大民系的形成时间,故客家人不得不蜗居偏向内陆的崇山峻岭之间,且不得不面对为生存而频繁迁居的窘境。从以上背景可以看出,客家文化的主体实为中原汉文化,其属性为移民文化。客家人重视教育,强调"学而优则仕",而较少广府人和潮汕人的重商意识。客家民谚说"生子不读书,不如养大猪",体现了客家人崇尚读书的风气,由此可见客家文化受到儒家思想影响之深。①

长期的迁移历程,使得客家人的文化中多了几分自力更生、团结互助的味道。客家文化的乡土与寻根意识较强,这也源自其迁居南方、远走他乡后,对故里文化的追思与留恋。迁居过程中必要的团结意识,也逐渐演化为一种根深蒂固的宗族观念。客家人有祖训说:"宁卖祖宗田,不忘祖宗言。"他们十分重视铭记和宣传祖先南迁的历史,通过修建祠堂、修订族谱等活动,增强其家族观念以及传统意识。客家人团结奋进的精神特质,也表现在他们对外族文化的兼收并包之上。客家文化虽广泛分布在整个中国的版图上,却又包含着相当鲜明的内在稳定性。例如客家方言的分布地区很广,各地的语言环境及条件皆不尽相同,客家民系形成的时间都有着显著差异。但直至今日,即便远隔千山万水,客家人之间的语言交流障碍也很小,客家话的基本特征仍得到了完整的保存。独特的发展经历锻造了客家人的文化品格。潘光旦先生曾借用一位传教士的话说:"客家人是中华民族的精华,好比牛奶上的奶油一般。"②

从三大民系各自的文化发源及发展可以看出,岭南文化实由本土文化、中原文化与海外文化相互交融而成。而随着时代的推移,时至明清,三大民系各自的文化体系,因贸易与交通的高度发展而相互兼容,岭南文化的肌理也最终得以明晰。岭南文化的独树一帜,根源于其悠久的文化传承史,以及多元并存融合的文化特质。地理条件决定的文化独立性与频繁的经济贸易往来决定的开放兼收的文化性格,使得岭南文化在秉承了自身历史文化基底的基础上,与中原汉文化相兼容,并在嗣后的文化多元融合进程中,逐步从边缘文化晋升为独居一方的重要文化体系。另外,独特的地理条件,使得岭南地区自古便是物质、文化与人的吸收与吐纳之所。自秦汉时起,岭南地区人民便借助海上交通,与南亚、东南亚各国产生较为频繁且成熟的贸易往来。

---

① 参见李宗桂、张造群主编《岭南文化的价值》,花城出版社2012年版,第56页。
② 黄树森主编《广东九章——经典大家为广东说了什么》,广东人民出版社2006年版,第61页。

从历史的角度看,这些贸易活动所起到的作用,绝不止谋生糊口、货殖互通。贸易的发展与航路的逐步成熟,使得岭南沿海地区的港口得到了长足的发展。港口城市的兴盛更是进一步推动了贸易活动的扩大化与常态化,并使得珠三角地区外贸港在整个海上丝绸之路航道网络中的地位得以提升。唐宋时期的广州,也当之无愧地成为南海丝绸之路最重要的始发港。此间,岭南文化重商、注重民生的特性得到了进一步体现与发扬,而其开放兼容的文化性格,坚定而持久地推动着岭南地区对外贸易向前发展。

本土文化、中原文化和海外文化的交融,使"移民文化"成为岭南文化贯穿始终的文化特质。"一种文化之所以能在众多地域文化中崛起,之所以能成为一种强势文化,除了自我更新和发展之外,离不开对外来文化的受容。"[①] 中原移民所带来的汉文化基底,一直是岭南文化的基本构成要素。史书中不乏对岭南移民的记载。例如,《史记·秦始皇本纪》中曾记载岭南首度纳入中原王朝版图后,中原地区兴起了第一次向南移民浪潮:"(秦始皇)三十三年,发诸尝逋亡人、赘婿、贾人略取陆梁地,为桂林、象郡、南海,以適遣戍。"《汉书·西南夷两粤朝鲜传》中也有关于向岭南移民的记载:"秦并天下,略定扬粤,置桂林、南海、象郡,以適徙民与粤杂处。"秦汉时期中原移民规模可谓相当宏大,也促使岭南文化迎来了历史上来自中原文化的第一次大规模发展。此后,魏晋南北朝时期、两宋时期,因中原战乱而产生的新的移民热潮,更是推动了岭南文化与中原文化的进一步融合。唐宋以降,由于陆上交通与内河交通的发展,并伴随着历朝历代多次南下移居浪潮对岭南文化的全方位冲击,岭南文化逐步摆脱了边缘性、后进性等特点,开始在中原文化的影响下,依托汉文化这一底蕴深厚的坚实基底,逐步形成具备自身鲜明特色的主流文化体系。在近代的对外交往中,海外及周边国家的文化因素随着商旅和移民也在源源不断地输入岭南地区,同时岭南人也成为最早在世界各地散播中华文化火种的开拓者。

在近代和现当代的革命与建设中,早期移民海外的粤籍华侨华人自始至终都发挥着关键的、无法忽视的作用。在广东这片土地上,华侨文化可谓历史悠久。无论是从物质文化还是从思想文化的角度考量,岭南文化都有着浓重的华侨文化烙印。华侨文化在近代岭南文化中的地位与效用,主要体现在中外文化交流方面。中华传统文化与东南亚、南亚、欧美诸国的融汇与交

[①] 彭玉平《岭南文化:文化受容与文化转境》,《华南师范大学学报》(社会科学版)2009年第4期,第122-124页。

汕头侨批文物馆。潮汕话把"信"称为"批"。侨批是海外华侨通过民间渠道或金融、邮政机构寄回国内，连带家书或简单附言的汇款特殊凭证。侨批记录了华侨在海外艰难开拓的历程，也是华侨反哺家乡发展建设的明证

流,其来自民间的主要交流载体实际上就是华侨。华侨文化对岭南文化的影响主要体现在思想文化与商业文化两个层面。由于华侨生活在西方资本主义社会,故成为最直接接触西方、学习西方的中国人群体。当中国面对西方列强的挑战而做出近代化回应时,华侨首先成了这种"回应"的积极参与者和支持者,对于近代西方先进思想文化在中国的启蒙与传播功不可没。现代商业革命也正是由华侨资本启动的。① 例如,20世纪初期,澳大利亚华侨开办的先施、永安、大新、新新四大百货公司掀起了中国现代百货革命的浪潮。"它们通过明码标价、收货给发票等手段树立对顾客的诚信等全新商业模式,改变了中国人的消费观念,对传统商业的经营方式造成了强烈冲击。"② 华侨文化对岭南文化的影响,还体现在饮食文化、建筑文化、语言文字、民俗、艺术、文化教育等诸多方面。③

华侨文化吸收了内外因素,具有其时代的先进性。它不仅仅是岭南文化的一个重要组成部分,还是一个积极影响岭南文化风格的重要外部因素。正如梁启超在《世界史上广东之位置》一文中所说:"广东旅居外国者最多,皆习见他邦国势之强,政治之美,相形见绌,义愤自生……广东言西学最早,其民习于西人游,故不恶之,亦不畏之。"④ 对西学"不恶、不畏",进而虚心学习消化,是最早接触外部世界的广东人最重要的特质,对后来岭南乃至整个国家的发展与转型贡献巨大。

---

① 参见王子今《岭南移民与汉文化的扩张——考古资料与文献资料的综合考察》,《中山大学学报》2010年第4期。
② 黄洁薇《华侨文化对岭南文化发展的影响》,《黑龙江史志》2012年第12期,第45-46页。
③ 参见许桂灵《华侨文化对岭南文化风格的影响》,《岭南文史》2014年第3期,第20-23页。
④ 梁启超《世界史上广东之位置》,转引自黄树森主编《广东九章——经典大家为广东说了什么》,广东人民出版社2006年版,第31页。

第二节　中华文化多元化视野下的岭南文化

要认识与定位岭南文化的特色与贡献，不能就岭南而论岭南，而必须站在高处，放眼中华文化五千年发展的大格局，把握其特色与趋势，方能凸显出岭南的独特魅力与价值。

作为一种特征鲜明、性格独特的地域性文化，岭南文化在源远流长的中国文化当中占据着重要的地位，并且在我国传统文化沿袭变革的历史过程中，起到难以替代的作用。如果我们将中华文化的宏观发展趋势作为历史纵向发展的坐标轴，那么自近代以来，岭南文化在世界观、价值观上的演变，与中华文化的整体发展，则存在着相当大的一致性。与此同时，由于多种多样的地缘因素的促进与制约作用，岭南文化在很多特定的方面都呈现出其特殊性的一面。这种一致性与特殊性的有机结合，使岭南文化至今仍对我国国民文化乃至政治经济的时代性发展产生着极其重要的影响。

中华文化发展与沿革的脉络，可以归结为内部传承与外部交流两大方面。事实上，从源头上讲，中华文化就是一个类似多方文化混合体的精神存在，加上数千年来与周边文明的不断交锋与融合，使我国文化发展的最主要趋向即文化的多元性发展。在兼顾自身的核心文化价值理念共同性与频繁对话交流的开放性的前提下，不同地区、阶层、人群的文化之间又保有相当的独立性。多元化的文化传统与环境，使得中华民族在奠定了自身文化根基的基础上，形成了诸如"仁义道德""中庸""和谐"等贯穿时代的基本命题，并在不同的时代具有其自身鲜明的时代意义。春秋战国时期的百家争鸣，就是上述文化现象与特质的最集中体现。而魏晋南北朝时期玄学的兴起，虽然被广大魏晋南北朝时期文化史研究学者看作儒学发展史上的"中衰期"，但也被认同为一种富有时代性意义的文化多元化现象。[①] 与上述现象相一致，岭南文化作为一种地缘性本根文化，随着生产生活的需要应运而生，并在不同时代中原文化的影响与熏陶下，呈现出色彩斑斓、日新月异的时代性特质。

---

① 参见张东《20世纪80年代以来中国魏晋南北朝文化史研究综述》，《新疆社科论坛》2007年第3期，第70–77页。

孔子塑像

　　但是，毋庸置疑，自秦代始，随着中央集权的加强，我国文化的多元化特质逐渐由"显性"转变为"隐性"。国民文化中最具生命力与活跃性的部分，在汉代"罢黜百家，独尊儒术"政策的影响之下，只能在有限的空间得到展现。在儒家一家独大的文化格局之下，一方面，两汉取得了辉煌的社会成就，这使得儒学的地位日益稳固，并且逐渐经典化，甚至由经典化走向谶纬，走向神学化；另一方面，文化一元化、封闭化所导致的不良后果是中原文化长时期的僵化、教条化。不可否认，中原文化的这种发展路径，是适应了内陆农耕文明时代的发展需求的。当时政治权力集中、社会生产生活资源自给自足、编户齐民安土重迁，无论是物质还是人口都对流动性缺少需求，于是关键的追求便是"安定"和"秩序"。一元化的文化格局便是长期以来在这种上层倡导、下层接纳的社会土壤中成长起来的。

但是，静态化的文化大环境，无力孕育出崭新的意识形态与生产方式，实际上已为近代中国科技与文化的落后埋下了伏笔。[①] 而儒学的官本位化及其教条主义与绝对主义的倾向，则更是从另一侧面导致了文化自身生命力的相对匮乏。于是，正如很多学者所一致认同的，导致鸦片战争前几个世纪间，中华文化时代适应性不足的根本原因即表现为封建教条、思想钳制的文化专制主义。而我国近代的文化发展进程，从某个角度讲，也正是一个不断突破文化一元化，重塑中华文化多元化特质的历史进程。

事实上，自古以来中国文化就不断尝试突破文化一元化的桎梏，正是基于这种不断突破、勇于接纳的文化能动性，才使近代中国多元化文化发展有可能重现生机。岭南文化既有远离封建王朝核心的阻隔优势，又有面朝大海的开放优势，在两千多年的历史发展中，不但接纳并保留中原文化的优秀成分，而且比战乱频仍的中原地区保留得更加持久、更原汁原味，同时在岭南的不同区域哺育出广府、客家、潮汕等独具特色的文化单元，使岭南文化成为名副其实的多元文化的集合。此外，面朝大海的地缘优势，又使岭南人发展出胸怀世界的海洋性文化特色。这使岭南文化成为中华文化中延续性与开放性皆具的优秀代表，保留着中华民族走向复兴的强大基因与动力。不过总体来看，近代之前，文化多元化的空间不足，使得岭南文化的影响无论是在区位上还是程度上都比较有限。

西方文化的传入，给传统的中华文化带来了挑战，也为重塑中华文化多元化的历史进程鸣响了发令枪。事实上，岭南自古就是外来文化进入中国的重要渠道。传说达摩祖师就是在广州荔湾登岸，开始其在华弘法的历程的。唐代大食商人的大量到来和侨居也伴随着其本土宗教的传入。直至西方基督教文化的渗入为止，通过岭南而为中华熟知的外国文化已不胜枚举。

和平引入的西方文化又被称为西学。广义上的西学包含了观念、器物、制度甚至宗教等多个层面的含义。这个崭新的文化体系与中国旧有的传统文化体系迥然不同，且在很大程度上与之相对立。虽然西学很早就在传教士的努力下来到中国，并产生了礼仪之争等文化冲突，但在19世纪以前，中西

---

① 参见王保国《从一元独尊到多元并举：汉唐间中原文化的嬗变》，《华北水利水电学院学报》（社会科学版）2007年第4期，第18—21页。

广州荔湾下九路附近有一个古海岸码头,名叫绣衣坊码头。达摩祖师为传播佛法,远渡重洋来到广州,就是在此登岸。后人为纪念达摩祖师,就把此地称为"西来初地"

文化在中国实力悬殊,中国文化一元化的整体状况并没有受到严峻的挑战,因而也不可能发生根本性的转变。中华传统文化看待世界的"夷夏观",处理对外关系的"华夷秩序""朝贡体系",虽引起西方的不满,却并无良策应对。中央王朝甚至为了减少外来文化的冲击,长期奉行闭关锁国的政策,试图一劳永逸地维持既有的天下秩序和文化格局。

迈入19世纪之后,西方文化通过其更广泛的、强制性的渗透,最终打破了清政府闭关锁国政策保护下的文化壁垒。但是,也正是由于这种伴随着文化入侵的掠夺、破坏与操纵等暴力性、强制性因素,外加诸多不平等条约的签订,正常的对外文化交流与沟通融合其实很难得以真正展开。中国人平心静气地认识西方文化,要等多年以后了。因此,19世纪西方列强文化入侵的最直接影响,乃是通过先进与落后、强悍与萎靡之间的对比,引发了中国国内各阶层有识之士的震撼与反思。根深蒂固的绝对主义一元文化观念,也终于随之逐渐动摇。

西方文化东来的最初体现,乃是天主教传教士向中国的传教。但是宗教作为特定文化体系中底蕴最深的部分,在文化特征差异巨大的东西方之间进行交流传递实际上是非常困难的。所以,虽然经过上百年的努力,西方的基

郑观应，祖籍广东香山县（今中山市），是中国近代最早具有完整维新思想体系的理论家，启蒙思想家，也是实业家、教育家、文学家、慈善家和热忱的爱国者。他于1894年（光绪二十年）编成《盛世危言》，全书贯穿着"富强救国"的主题，对政治、经济、军事、外交、文化诸方面的改革提出了切实可行的方案，在当时是给甲午战败以后沮丧、迷茫的晚清末世开出了一帖拯危于安的良药

督教文化仍旧无法真正融入中华文化，为中国人所接受，因而总体上说传教是失败的。不过，在此期间的在华传教士也致力于文化的"双向交流"。他们一方面将中国传统文化介绍给西方，另一方面将西方文化介绍给中国。如利玛窦等人的工作对当时中国的影响还是不容忽视的。这样的文化交流活动，在一定程度上起到了去中国文化"自我中心主义"的初始性作用。[①] 但是同样在影响的范围和程度上都比较有限。

当西方列强的炮舰打开中国大门之后，中国传统的一元文化才受到了全面的冲击，也引起了深层次的反思。无论是魏源的"师夷长技以制夷"，冯桂芬崭新的"鉴诸国"命题，还是郑观应、薛福成等人对西方文化更为细致的关注与研究，都暗含着对中国传统制度与文化系统，乃至基本伦理、哲学观念的怀疑。此后以康有为、梁启超、严复、谭嗣同为代表的戊戌维新派，则是将上述的怀疑上升到了对传统文化束缚的抛离与价值观的突破上。传统

---

① 参见陈义海《对明清之际中西异质文化碰撞的文化思考》，苏州大学博士学位论文，2002年，第176页。

价值观的绝对正确性、永恒真理性与唯一可靠性，也开始遭受到越来越多人的质疑、挑战与批判。他们将西方的意识形态和制度体系作为参考系，试图通过对比与扬弃，通过接纳或者鼓励文化多元化，来寻求救国强国的道路。

在这一"怀疑"与"借鉴"的进程中，中国人开始实现"文化自觉"。特别是到甲午战争时，战前清朝军政上下自认为多年洋务有成，北洋舰队傲视东洋。然而一旦开战，虽兵将英勇死战却难逃惨败。甲午战败，彻底击碎了国人几千年"天朝上国"的美梦，反观日本几十年的发展道路，一批有识之士也终于认识到不从根本上变革现实则国运危殆。正如身逢其时的梁启超所说："吾国四千年大梦之唤醒，实自甲午战败割台湾、偿二百兆始。"① 外战惨败唤起了民族自觉，文化自觉构成民族觉醒的重要方面。而整个"文化自觉"的过程，乃是一个追求文化民族性与时代性有机统一的历史进程。维新派对中西文化观念的认识固然有些浮光掠影、模糊不清，但这种对文化多元化的诉求，实则拥有广阔而面向未来的远大视野。戊戌维新推动了中国文化的质变与发展历程的转折，起到了重要的思想启蒙作用。中华民族也终究开始甩掉传统的一元文化思维的帽子，并探究符合自身发展需要的崭新的思想文化道路。②

在此，我们需明晰的是，文化由一元化向多元化的发展趋势并不是单向的、一成不变的。直到辛亥革命结束之后，贯穿我国封建社会的一元化文化惯性思维模式仍远未被连根拔起。根植于封建农本时代的集权专制主义残余的痕迹，在军阀割据时期，以及洪宪帝制、张勋复辟等历史事件当中也仍随处可见。因此才引发了新文化运动更激烈的反弹。新文化运动通过传播"民主"与"科学"的思想，向旧式儒学的独尊性地位发起了前所未有的挑战，并与专制的、愚昧的思想观念彻底决裂。这种决裂甚至不惜走向另一个极端，而倡导"唯科学主义"，欲以科学实证原则代替一切信仰，主张否定传统文化的价值。③今天回头去看，新文化运动并未使中国的传统文化彻底被抛弃，儒学又以其新的形式影响着社会发展的进程，但从宏观而言，新文化运动通过倡导思想解放，毫无疑义地重新将中华民族文化带入了多元文化并存的新纪元。自新文化运动以后，中国文化的发展路径虽仍然周折往复，但多

---

① 梁启超《戊戌政变记》，岳麓书社2011年版，第1页。
② 参见张昭军《近代中国的"文化自觉"》，《北京师范大学学报》（社会科学版）2007年第1期，第82-87页。
③ 参见聂慧丽《新文化运动时期梁漱溟对儒学的阐释》，《河南师范大学学报》（哲学社会科学版）2010年第4期，第149-151页。

邓世昌纪念馆

邓世昌，1849年生于番禺县龙导尾乡（今广州市海珠区龙凤街）。1894年中日甲午海战中邓世昌指挥致远舰奋勇作战，不幸殉国

元化的整体发展趋势则呈现出螺旋式上升的基本图景，大方向已然不可逆转。

  在上述的中华文化从多元到一元再到多元的发展脉络中，岭南地区基本不外于大势，但也凭借其天然的地缘因素和独有的文化品格，扮演了重要而独特的角色。当中华文化最初走向一元化的时候，岭南由于地处偏远、开发较晚，得以最大限度地保存了几大族群各自发展的空间，但同时在主流文化上很早就接受了中原文化的熏陶，成为中华文化毫无疑义的重要组成部分。当中原文明多次受到内外冲击的时候，这一相对独立的空间里恰好保存了很多真正原汁原味的中原文化的精髓。在一元化渐强，中华文化走向封闭、孤芳自赏的时候，岭南地区却保持着对外开放的一扇窗，从而也为认识世界保留了一道门。甚至当闭关锁国达到极致，几乎所有海岸线都不见片帆只影的时候，广州仍是通向世界的唯一窗口。

  生活在明末清初的屈大均曾写下这样一首《广州竹枝词》：洋船争出是官商，十字门开向二洋。五丝八丝广缎好，银钱堆满十三行。

这外商云集、百舸争流的繁荣景象，怎能想象竟存在于一个海禁严厉、闭关锁国的时代！而正是这样的开放口岸，维系着生生不息的南海丝绸之路，维持着一个区域生活的开放兼容，维持着一个民族的世界视野，也为中华文明战胜世界大潮的冲击与挑战维持着希望。当外来势力挑战果真来临的时候，虽然长期的闭关锁国让我们一时手足无措，但毕竟因为这扇窗口的存在，因为这假道岭南、不绝如缕的对外交流，我们才不会真的把这些外来者当作妖魔鬼怪或者天兵天将，我们才会在之后的百余年间既不忘本我，又积极地寻求自立于世界。

屈大均（1630—1696），初名邵龙，又名邵隆，号非池，字骚余，又字翁山、介子，号菜圃，汉族，广东番禺人。明末清初著名学者、诗人，有"广东徐霞客"的美称。后人辑有《翁山诗外》《翁山文外》《翁山易外》《广东新语》及《四朝成仁录》，合称"屈沱五书"。其中，《广东新语》是有关岭南文化的一部极具价值的名作

第三节　求同存异的文化传统与开放包容的岭南精神

很显然，近两百年间以岭南为中心的对外文化交流，对多元文化格局的最终形成与延续起到了极为重要的作用。中国近代文化发展史，实际上正是一部与西方进行持续性文化互动与交流的历史。越是趋近于现代，这种文化的自觉性互动也就越发频繁、广泛。在当今全球化的视野下，文化交流更是被摆在了"一个国家繁荣兴旺之关键"的地位上。

文化交流的本质即求同存异。对于中华文化的发展而言，求同与存异作为文化交流行为的两个重要方面，都是不可或缺的。

在中国传统文化的语境之下，"求同"实际上是一个彰显人类思维与理性一致性、共通性、和谐性的核心理念。作为中华民族各位先哲的崇高理想，天下"大同"的理念一直为历代思想家所继承。在各个历史时期，"大同"一词所包含的内涵确有很大差异，但"求同"这一基本思想文化精髓的内涵，是一脉相承的，且于不同时代各具特色的表象之下，在核心追求上体现出了高度的一致性。在文化一元化的大背景下，求同占据绝对的主流，存异则为空间所限，主观与客观上都很难被接纳。所以当西方文化携炮舰来袭时，我们首先的反应是彻底抵御与隔绝，试图将这些强大的异质文化阻于国门之外，以维持既往之"同"。

然而，当意识到世界潮流的力量时，一部分国人又走向了另外的极端，即主张全面放弃中华传统文化，转而追求与西方之"同"，也就是所谓的"全盘西化"。前文已提及新文化运动对中国文化多元化发展所发挥的重要历史性作用。事实上，新文化运动中一些激进的主张如"重新估定一切价值"，就有彻底否定中华传统文化的倾向。但是事实证明，这种极端化的"求同"在理论上是不正确的，在实践上也是行不通的。在中外文化交流中，或者说在中华文化的自救与创新中，只有"求同存异"才是可行的正道。

这方面的例证不胜枚举，从梁启超的思想演变过程中可见一斑。自"戊戌变法"开始，梁启超作为走在近代思想革新前列的人，其基本思想就是变革求新。根据郑师渠先生的研究，在新文化运动初期，梁启超也主张批判一切复古倾向，全力学习西方。但是自1919年出访欧洲回来以后，他的思想发生了重要的变化。游欧期间他看到了西方的另一面，也接触到了西方反省现代化的思潮，这对他的思想造成了很大冲击。自游欧归国后，梁启超在仍主张吸收西方文化的同时，承认"科学万能"论的破灭，与新文化运动建立了"求同存异"的关系。他一方面继续关注新青年，支持青年运动，提倡民主科学，追求精神解放、思想自由，但另一方面他也警惕西方现代化带来的诸多问题，不接受全盘否定中国固有文化的观点，力戒矫枉过正。他说："中国人既不是野蛮民族，自然在全人类学术史有他相当的位置，我们虽然不可妄自尊大，又何必自己糟蹋自己到一钱不值呢？"他极力主张对本国文化要心存敬意，先借助西洋的方法研究它，形成新文化，再去助益世界文化的发展。他后期热情地投入"整理国故"运动，正是其"新文化"思想的实践。①

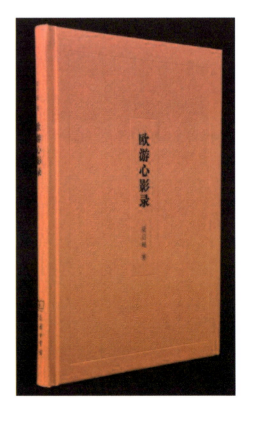

梁启超《欧游心影录》。"一战"后的欧洲败象与工业现代化带来的问题给梁启超以很大震动，也使他开始反思中国的革新道路

---

① 参见郑师渠《梁启超与新文化运动》，《近代史研究》2005年第2期，第1—37页。

梁启超的这种对待中西文化的态度，与我们今天倡导的中西交流共处中的求同存异不谋而合。而这种思想的形成，又暗合了岭南文化中长期以来形成的包容、开放与务实的精神。千百年来，岭南地区的广府、客家、潮汕等几个文化子系统各自发展，又互动频繁，既保持了特色又坚持了共性。其共性的基础，就是作为中华文化的一个有机的组成部分，认同中原地区等中华文化主体的核心文化价值体系。但与此同时，岭南又赋予这一文化体系新的特色和生命力。可以说，岭南文化把多元文化的包容与开放特色表现得淋漓尽致。岭南文化的这种特色也在中华文化的发展历程中发挥着重要的作用，表现了作为整体的中华文化的包容性与吸纳力。

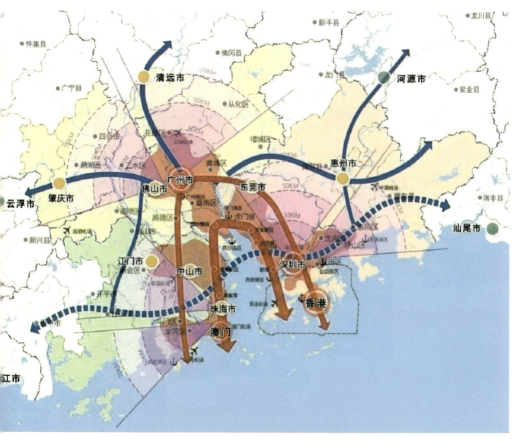

粤港澳大湾区发展示意图

随着近代中华民族踏入世界网络，国人这种面对世界大潮时的"求同存异"精神就更加难能可贵了。因为时代的要求让国人必须跳出"大一统"的思维定式，以文化的多元化为核心取向。在对待西方文化时，要做到融汇与应用。岭南地区长期的对外交往经历，造就了一种敢于尝试、为我所用的首创精神和务实精神，最终在全国范围内转化成一种对外来优秀文化因素的理解、吸纳与融合的力量。当然，因为在文化根本上坚持不动摇，所以这种吸纳与融合的结果便不会是"全盘西化"，而只能是在坚持根本的基础上取长补短，善于去"扬"，敢于去"弃"，从而铸就了中华民族重新崛起的基础。

总而言之，在中华民族文化的整体发展历程中，岭南文化既顺应大势又发展了个性。诸多地缘特异性因素以及不同时期的历史性因素，使得岭南文化在不同历史环境之下展现出其独特的、不尽然同质的独有特征。它与其余各地域文化一道，共同构成了中华文化的丰满表征与错落有致的不同层次。这种多元共生、各有所长的格局，是中华文化生生不息的顽强生命力之真正所在。而背山面海的岭南，在全国率先将生存与发展的目光投向大海。在千百年的对外交往中不断拓宽的南海丝绸之路，就是这种中华海洋文明的有力见证。同时，南海丝路的发展，又转而塑造了岭南地区的开放包容、创新涌动、敢为天下先的文化品格。当中华民族面临新的挑战时，这种外向型、开放式的岭南文化精神率先为探索民族的自救和自强之路提供了切实可行的答案。今天，当中华民族再一次站在发展与复兴的起点线上时，我们没有理由不再次用岭南文化的精神武装起来，开放包容、务实进取，以创新驱动发展，拓展全球视野，主动融入全球发展的大格局，开辟中华文化发展的新局面。

第二章
岭南文化发展的历史轨迹

作为我国历史上最重要、影响力最大的地域性文化之一,岭南文化自身的历史是悠久的。自华夏文明发源以来,岭南地区人民便在中华大地的最南端发展、繁衍、生产、生活,并不断地顺应自然、改造自然,寻求新的生活方式与探索海洋彼岸的新世界。早在先秦时期,中原王朝留下的史料中就有相当多有关岭南地区的记载。在文化的发展历程中,岭南地区不断吸收先进文化的优秀精华,并在其开放、共享与开拓创新的过程中,极大地丰富了其内容,并最终进入我国先进文化的行列。

岭南文化的发展历程悠久而漫长。专家学者依据不同侧重点对岭南文化的历史分期进行了长期的探讨,提出了多种分期方案。如韩强曾将领海地域文化发展划分为五个时期:独立发展期、南越文化圈期、汉越文化融合期、中西文化碰撞期、走向现代化时期。①

在人类文化发展初期,由于自然因素的阻隔,人们实践能力的低下(如交通工具的落后,族群的封闭式发展等),在文化发展过程中首先发挥作用的,当属最初始的当地古文化。这种交通闭塞的现象在岭南地区体现得尤为明显,在海陆交通未经开发之时,南海与陆地上的五岭形成了天然的屏障,阻隔着岭南地区的对外往来。因而,从历史地理的角度看,岭南文化在中华文化各地域中,属于最为封闭的地域之一。但是,封闭的环境激发的是对开放的更热切的追求。"岭南又恰处于南海航运的中心枢纽上,生活在此地的土著人很早就开发利用海洋了,后来南迁的居民更在这个方向上走得更远。他们很多都利用航海走出国门,踏上与世界各地交往的道路,从而不断削弱自己的封闭性,增加开放性,并最终使海洋文化成为岭南文化的一个最大特色。"② 因而我们要认识到岭南文化在发展历程中始终伴随的封闭性与开放性两方面特征。"自从秦始皇于五岭置桂林、象、南海三郡以来,政体的建制、中原荆楚闽越移民的迁入,历代战争军人的留居使岭南文化与中原及荆楚闽越文化交往频繁,这就形成了岭南文化多元互动共生的品格。"③ 岭南文化的开放性,成就了其顽强的生命力与自我革新生长的能力。

---

① 有关岭南文化的发展分期,参见韩强《岭海文化——海洋文化视野与"岭南文化"重新定位》,花城出版社2014年版,第239-248页。

② 马伟明《岭南文化形成与发展的历史地理基础浅论》,《长沙大学学报》2010年第1期,第75-76页。

③ 陈建森《关于区域文化研究视域和价值取向的思考——以岭南文化为例》,《华南师范大学学报》(社会科学版)2008年第4期,第6-8页。

第一节　考古发现与岭南地区远古文化

根据目前的考古成果来看，自旧石器时代，岭南文化大体经历了四个主要阶段，即"古人"（以马坝人为代表）、"新人"（始于约 4 万年前，以吴山人、柳江人为代表，物质生产多样性初现，渔猎经济萌芽）、"母系氏族公社"（以封开黄岩洞、阳春独石仔等遗迹为代表，该时期海洋生产的渔猎经济与农业经济同时并举，多元性物质生产生活格局基本形成）、"父系氏族公社"（以曲江石峡文化遗址为代表，以原始锄耕农业为基础，渔猎经济并存，商品交换与文化传播现象已经存在）。

独立的岭南文化发展始于约 13 万年前的马坝人。从人类学的角度上讲，马坝人属于"古人"，即早期智人。1958 年发现于广东省韶关市曲江区马坝镇的"马坝人"头骨，也是目前岭南地区发现的最早的人类化石。此后，在马坝人遗址上，考古学家又发现了两件经粗略打造的石器。这也将岭南地区的石器运用史向前推进了一段时间。

马坝人复原图。马坝人是 1958 年在广东韶关市曲江区马坝镇西南三公里的狮子山石灰岩溶洞内发现的旧石器时代中期的人类化石，属早期智人。被发现的马坝人头骨可能是一位中年男性头骨，呈卵圆形，无顶骨孔，眼眶上缘为圆弧形，与尼安德特人相似，鼻骨相当宽阔，与现代人不同

　　20世纪80年代,考古学研究工作者又在广东省封开县的黄口山峒中岩石洞中,发现了远古人的臼齿与石器。根据碳14中子示踪实验结果,这些古人类的生活年代,距今3~4万年,其骨骼的生理结构与现代人几乎没有差异。他们已经懂得通过人工的方式获得火种,其生活方式为居所相对固定的群居生活。而在部落的社会结构上,已出现原始氏族的雏形。有专家认为"峒中岩人"的生活年代可能早于马坝人,因而可谓岭南历史的揭幕人。同样在20世纪80年代,在马坝人遗址的附近,考古学家又发现了新的古文物遗迹,并将其命名为"石峡文化"。出土的青铜器与陶瓷残片等,其年代大致为新石器时代的晚期。石峡文化的经济生产均以农业为主,遗址中稻谷的出土更是说明了这一点。而其他的出土文物则表明,当时的手工业已与农业相分离。岭南地区的早期人类遗存还在不断地被发现,但现有的发现已经表明,这里很早就是中华民族生息繁衍的热土,而且早期人类活动范围广泛,生存手段多样。

　　在岭南早期人类的生存手段中,已包含了突出的水文化、海洋文化特质。在3万年前的"新人"阶段,原始居民发展出了比穿孔砾石更精细的骨角器,懂得用特定材质的鱼叉结网捕鱼。岭南各地大量发掘的贝丘遗址,可以证明其地域性水文化中已包含有海洋生产的萌芽与迹象。此后,岭南地区文化逐步发展出不同于中原地区的特色,即渔猎经济与耕作农业经济并存且交相辉映的多元物质生产结构与模式。其间,耕海、海洋生产已开始在渔猎经济中占据相当大的比重。岭南文化独立自主的初期海洋文化痕迹已经相当明显,而这已可以追溯到母系氏族社会时期。

　　另外,虽然目前还无法找到确切的跨洋交往实证,但考古发现却不得不让我们相信,岭南文化在远古时代就可能远播海外。比如远在太平洋西南部的密克罗尼西亚、印度尼西亚等地出土的双肩石斧,与佛山西樵山文化的标志性器物双肩石斧十分相似。这说明新石器时代的岭南所在的文化圈地域范围可能已远达太平洋西南诸岛。除此之外,出土于夏威夷、塔希提的有段石锛,也体现了中国东南沿海百越民族所使用工具的基本特征。"东夷与百越族群大多依靠海洋渔业生存,擅长经商,通过最初的迁徙漂流、后期的航海不断将中国海洋文明扩散到环渤海、环东海、南海以及朝鲜、日本、东南亚、太平洋岛屿甚至美洲等地,这些地区陆续有中国海洋商品、器物遗存等考古发现,而在中国沿海地带发掘的诸多贝丘遗址也被视为中国海洋文明初始的印记。"[①] 这

---

　　① 高乐华《中国海洋文明地理空间结构研究》,《中国海洋大学学报》(社会科学版),2016年第5期,第53-58页。

广东高明古椰贝丘遗址。距今约4000年,属于新石器时代晚期。古椰贝丘遗址的发掘证明了岭南远古水文化的繁荣,而20多粒稻谷的发现,也证明了岭南早期农业生产的先进性

也能从侧面论证,东南沿海百越族的生产、生活文化,很有可能通过简陋的海上交通工具,最终得以向海外各地区广泛扩散。①

在考古学发现所界定的这一发展时期中,我们能看到岭南文化的发展雏形。在岭南文化孤立于外界发展的时期里,各地域文化之间的交流与文化融合最弱,其时其独立发展序列亦逐步得以形成。即便文化传播的强度再微弱,在此期间岭南文化还是接受了一定程度的长江流域文化因素,并在母系氏族公社时期发展出已较为完善的以石器工艺为基础的渔猎经济与锄耕农业。岭南文化与中原文化,无论是从基本精神内核上还是从基本文化架构上讲,差异都比较明显。另外,从制度文化层面上讲,中原文化比岭南文化更具先进性。相比同一时期中原文化的夏禹氏族,岭南地区最先进的氏族部落

---

① 参见曾昭璇、曾宪珊《论我国海洋文化发展与珠海市建设》,见《岭峤春秋——海洋文化论集》,广东人民出版社1999年版,第17-18页。

皆为零散且规模很小的单个氏族。除此之外，相比同期仰韶文化与大汶口文化乐理、文学的产生，岭南文化此时期并无此类精神文化产物。

当然，即使单从先进性的角度讲，这一时期的岭南文化仍有超越其他地域文化的长处。首先，与齐鲁文化等地域性文化一样，岭南文化有着其独立的发展序列，即珠江流域的原始居民文化。其次，自始至终，岭南文化都有着与其他地区不同的特色。自旧石器时代以来，岭南文化就体现出了狩猎、捕鱼等陆海文化的并重。而到了母系氏族晚期，在陆海文化并重的基础上，岭南文化又发展出渔业、农业并重的原始农业生产体系，为日后岭南地区多元化物质生产架构打下了坚实的基础。另外，新石器时代晚期内陆文化的传入使得岭南地区呈现出农业文化、海洋文化并存的特殊状况。① 不过，在新石器时代晚期，岭南地区地域文化已有沿南海岸线向海外扩张的趋势。这一文化传播路径，很可能也带回些许海外文化的因素。以上机理足以证明，此一时期，岭南地区的海洋文化萌芽，是独立于内陆文化体系发展出来的。②

岭南地区旧石器时代、新石器时代的诸多遗址的发掘，充分说明了岭南文化历史的悠久。在这张由考古学者勾勒出的描绘岭南先民生活、狩猎、劳作、远洋的栩栩如生的图画当中，我们看到了岭南地区所固有的自然条件、资源对人民生活方式的诸多影响。渔猎与耕作并重的特色生产结构，为日后岭南文化的地域特色性发展打下了坚实的基础。与此同时，横亘于岭南地区与中原腹地之间的五岭，在很长一段时间里，基本阻绝了岭南地区与中原王朝之间的经济、文化互通。也正因为如此，在进入新石器时代之后，岭南地区的发展步伐与中原地区比就相对缓慢了。

---

① 参见黄松《齐鲁文化》，辽宁教育出版社1991年版，第7页。
② 参见黄静《浅论先秦时期岭南文化的特点》，《首都师范大学学报》（社会科学版）1997年第1期，第79-85页。

第二节　越族文化及其与中原文化的初步交融

公元前 21 世纪至 4 世纪的这个历史阶段，岭南地区的主要居民是南越族。"南越族"这种说法，始见于秦汉时期的史书记载，但其形成年代显然更早，只是因为文化的相对独立性，而不为史书记载所涉及。南越族是古代百越族的一支，其主要居住与活动范围集中在珠江、韩江流域。先秦时期的岭南地区发展相对滞后，无论是在青铜器出现的年代上，还是在生产方式与工具的先进程度上，岭南地区较中原地区都落后不少。这也取决于岭南地区百越族文化发展的相对独立性。自古以来，百越族由于在社会、经济、文化等方面均独立于中原华夏族，而逐渐发展出自主性、地域性较强的南越文化。历史上有关百越族居住的地域范围的记载，主要以《汉书·地理志》为权威：

> 自交阯至会稽七八千里，百越杂处，各有种姓。不得尽云少康之后也。按世本，越为芈姓，与楚同祖，故国语曰"芈姓夔、越"，然则越非禹后明矣。又芈姓之越，亦句践之后，不谓南越也。①

引文中所提到的"交阯"，实际上包含了今越南北部的部分地区。此外，大量史料及相关研究表明，除了"交阯"之外，百越族的后裔遍布东南亚各个国家（老挝、泰国等），甚至印度东部、南部。而百越族于我国领土内的分布，主要集中在华中、华南与东南，包括今江苏、上海、浙江、湖北、湖南、广东、广西、海南、福建、四川等地。岭南地区越族可谓众多，史称岭南越族之众为"百越"。不过，从中国整体文化的角度看，岭南文化实为南越文化的一小部分。而从岭南地区的南越文化着眼，我们可以发现其自本根文化发源的纵向性关联。

有关百越族与南越文化的发源时间，众家各有说法。据清朝屈大均《广

---

① 周振鹤《汉书地理志汇释》，安徽教育出版社 2006 年版，第 318 页。

东新语》记载："蛮，慢也，其人性慢，故又曰蛮越也。其曰百越者，以周显王时，楚子熊商大败越，越散处江南海上，各为君长也。曰勾越者，《淮南子》云：吴人语不正，言吴而加以勾也。勾，夷俗之发声也。颜师古云：吴与越音声多同，太伯自号曰勾吴，故越亦曰勾越也。大均按：春秋书于越，于亦勾也。勾践名践，勾亦语发声也。曰大越者，勾践自称其国也。曰于越者始夏少康时，曰扬越者，始周武王时，曰荆越者，以在蛮荆之南，与长沙接壤，又当周惠王时归附于楚。若蛮扬则始于汤也。曰南越者，吴王夫差灭越筑南越宫，故佗因其旧名，称番禺为南越也。佗自称南越武王，已而又称武帝。"①当时，岭南地区包含于九州之一的扬州当中。而《五经正义》中则记载道："夏禹九州本属扬州，故云扬越。"《寿县志》载："夏禹定九州，寿地属扬州，殷商如制。"不过《广东新语》的记载，只是明确了"扬""越"合称，乃是始于周武王时，而并未言它。《五经正义》与《寿县志》则更是把扬越合称的现象推到了夏禹时期。具体哪个更为可信，仍有待进一步考证。②而"南越"的种族称谓则采用于商汤时期。总体上，史家普遍认为，岭南地区百越族始于商汤，而此前多不以一族相称，而是将其定性为"原始居民"。自秦汉中国"大一统"后，百越族随城市化与商业化的趋势而逐渐分化，部分融入中原汉族，另有部分归于各少数民族。至今，百越族文化仍在我国西南少数民族当中留下了诸多痕迹。

虽然南越文化中含有华夏族及此后汉族文化的影响，但其自身独特的文化特点亦非常明晰。其语言是以黏着式成义，与汉语互译的过程中，一字通常要译作两字或多字，类似于现今侗族、佤族的语言。此外，无论是在生产生活上，还是在风俗习惯上，南越文化都显得独具一格。南越文化中的水文化特别发达，具体体现在其族人的饮食结构上，以及善于海战等方面。"魏晋南北朝的统治者，时而对他们（百越族人民）实行镇压，时而采用安抚的政策，促进混血同化。而极少数人尚保留其民族特性，演变成为壮、侗、布依、毛南、黎、京、傣等现代少数民族。"由此可见，百越族的文化特点、语言与生活习俗，均明显不同于华夏民族以及后来的汉文化，其鲜明的个性直至隋唐之前仍未被同化。③

相比其他文化体系而言，由于地缘因素，以及生产细节、民俗风土上的

---

① 欧初、王贵忱主编，李默校点《屈大均全集（四）》，人民文学出版社1996年版，第28页。
② 参见仇巨川撰，陈宪猷校注《羊城古钞》，广东人民出版社1993年版，第303页。
③ 参见辛土成《论汉族与百越民族的关系》，《厦门大学学报》（哲学社会科学版）1993年第1期，第80–84页。

德庆金林水乡，村庄格局体现了岭南文化的水文化特质

接近，岭南文化更早地吸收了岭北越族文化。当然，不容我们忽视的是，岭南文化中的南越文化，更多是源自本根文化。而较为广泛地接受其他越族文化传播交流之影响，则要等到先秦时期了。与南越文化发达的水文化特征相一致的岭南地区已在南越文化时期独立发展出了较为发达的海上交通。水文化的发展，可谓岭南文化引领南方文化基本特色的一个主要成因，而与此相对的海洋文化的较早形成与发展，在很大程度上成为中国南方文化的特异性表征。岭南地区的百越族在秦统一岭南地区之前，就已发展出较为独立的海船文化。《岭峤春秋——海洋文化论集》的论文中很多都引用了大量有关南海风俗、古代百越族及其后裔海洋文化的记载。[1]

---

[1] 参见丁希凌《未来文明的出路在海洋》，见《岭峤春秋——海洋文化论集》，广东人民出版社1999年版，第175页。

相对独立的文化系统，逐步演变为以百越族，甚至岭南地区南越族为中心的南越文化圈自商初起开始形成，标志着中国南方百越各族已基本形成。"岭南越人和中原汉族文化交流与民族融合局面的出现，是秦汉时期岭南所发生一系列重大军事、政治事件产生的结果。"① 南越文化圈的内部文化发酵使其产生诸多文化特质与标签上的共性。岭南文化发展的核心体现，主要是岭南地区范围内的诸多越族，在其传统地域性文化的基础上，逐渐发展出了具备自身特色的越族文化，并与岭北百越各族文化交相辉映、融会贯通。相比岭南，岭北的百越更为先进，故亦充当了传播交流过程中的主导性因素。而与此同时，岭南地区原始居民又通过先进的楚文化接受了中原华夏青铜文化的传播。于是，此时期的岭南文化便产生了两个传统平行发展的基本格局，即内陆农耕文化传统与水文化、海洋文化传统。

春秋时期，楚国崛起于长江流域。相对而言，楚国文化是绝对地理距离上离岭南最近的中原文化。此时又刚好是岭南地区的青铜时代，由于文化发展程度的相对落后，此时的岭南文化急需先进文化来发展自己。因而在春秋时期，荆楚文化对岭南地区文化的发展产生了相当大的影响。《左传·襄公十三年》中记载："赫赫楚国，而君临之，抚有蛮夷，奄征南海，以属诸夏，而知其过，可不谓'共'乎？"这也说明楚国文化的影响范围已深入到岭南地区。这种影响，亦可见于出土文物当中。例如，出土于清远的春秋战国时期青铜器。作为出土的随葬品，从其形态与纹理均能看出楚文化的痕迹。当然，楚国文化对岭南文化的影响

广东出土的百越族矛头

---

① 梁旭达《论秦汉时期岭南越人和汉族的文化交流与民族融合》，《贵州民族研究》1986 年第 1 期，第 60 – 66 页。

远远不止于此。周惠王时，楚国被封治理南越。岭南地区在臣服于楚国之后，"筑庭以朝楚"。此"楚庭"今天仍坐落在广州越秀山山脚之下。时至战国，楚国对岭南地区的影响有增无减。

岭南文化中的水文化与海洋文化传统，基本上是岭南地区独立发展出来的。自战国时期开始，岭南地区各越族便相继进入海洋生产为主导的生产资料私有制。随着生产力的空前发展，文化传播无论是从速率上还是从广泛程度上，都开始逐步增强。水文化的巩固与传承，成为南越文化圈中的共通性标志，不过，岭南越族在此方面有着自身鲜明的特色。广州的南越王墓墓葬品中出土了很多木船模型，周边地区亦发现许多秦汉时期的造船厂与海港的遗址。"这说明，南越国的水上交通，包括内河交通和海上交通是发达的，南越国同更远的海外地域产生过密切的交往是一个历史事实。"①

《淮南子·原道训》中有记载，岭南越族"九嶷之南，陆事寡而水事众，于是人民……以便刺舟"以及"以舟楫为食"。为了适应以海上捕捞为主的谋生手段，早在先秦时期伊始，岭南地区居民就已有了较为成熟的造船技术。船文化本身也是岭南地区水文化的基本标志。"粤人之俗，好相攻击"。② 地缘上与中原地区的相互阻隔，以及临近珠江、南海的地理条件，塑造了南越人好斗善水、勇于冒险开拓的文化性格。而与此同时，秦始皇在统一六国之后，其对岭南的征服，可谓大大扩展了中原文化的影响。随着所控制海岸线的延长，中原王朝的海洋意识亦初现萌芽。"秦汉时期'天下'与'海内'并说的语言习惯体现了政治文化意识中的海疆观。对海洋的关注，反映了当时社会海洋意识的觉醒。"③

此时期岭南地区锄耕农业与渔猎经济并存，并深刻地体现在该地区人民的风俗习惯、饮食结构等方面。海洋文化是该时期岭南文化与中原文化以及岭北百越文化相区别的主要因素。④ 也正是缘于上述地缘性因素，岭南地区海洋文化发育的同时，于先秦时期自海岸线开拓出了史无前例的"南海商路"，并与海外诸国之间产生了原始的、零散的、民间自发组织的商业与文化交往。商代对南方越族制定的朝贡条例中，包含了大量海洋产品与来自海

---

① 夏增民《由广州南越王墓所见文化遗存透视岭南文化变迁》，《华夏考古》2010年第1期，第105—109页。
② 〔西汉〕刘安《淮南子》卷一《原道训》，北方文艺出版社2016年版，第7页、第9页。
③ 王子今《秦汉时期的海洋开发与早期海洋学》，《社会科学战线》2013年第7期，第86—96页。
④ 参见王子今《秦汉时期的海洋开发与早期海洋学》，《社会科学战线》2013年第7期，第86—96页。

西汉龙凤纹重环玉佩。1983年广州南越王墓出土,内圈透雕一条游龙,外圈透雕一只凤鸟,为百越文化深刻的水文化遗迹的体现

外之物。这足以显现此时期岭南地区海洋文化地位之高、分量之重。早在春秋战国时期,岭南人民便开辟了徐闻、合浦等良港,试图将海上贸易扩展至更大的范围。随之而至的海外风土人情、珍宝物件,也在很大程度上塑造了岭南文化区别于其他地域性文化的个性。

"农业文化、水文化、海洋文化,初步建构起岭海物质文化的多元一体化格局。"① 海外贸易的逐步繁荣,使得岭南人较早发育出了中原地区人民所缺乏的商品与商业意识。物质文化多元一体化格局的初步形成,可谓此时期岭南文化发展的最大成就,并为从文化基因上区别于中原文化埋下了伏笔。

---

① 韩强《岭海文化——海洋文化视野与"岭南文化"重新定位》,花城出版社2014年版,第280页。

第三节 "大一统"格局下的岭南文化沿革

自秦朝统一中原以来,岭南文化的发展也跨入了一个崭新的阶段。本时期文化沿革脉络的核心即岭南地区各越族及后来少数民族文化与中原文化的相互冲击与回应性吸纳、融合。汉越文化融合主要以四次大规模汉人移民岭海为标志,分别为:①秦始皇征并岭南地区,至南越国时期的大规模中原居民南迁;②两汉至南北朝时期汉民移入高潮;③北宋末年中原难民逃往岭海,以及南宋末年以长江流域文化为特征的江南人逃至岭海的两波移民高潮(是人数最多、最集中、最急剧的一次);④明末移民高潮(包含自发逃亡的中原人以及明朝遗臣拥戴的明朝宗室后裔)。①

秦始皇统一六国之后,便开始着手平定岭南百越之地。当时岭南地区各自为战,故秦军很快便深入岭南腹地。平定岭南之后,秦始皇在政治制度上,在岭南推行中原地区的郡县制,在岭南地区设置了南海郡、桂林郡、象郡三郡,平定岭南的主将任嚣也被任命为南海郡尉。这是岭南地区自古以来,第一次拥有行政区建制。此后,随着秦朝的灭亡,当时平定岭南地区的副将赵佗起兵一举兼并三郡,并在岭南地区建立了南越国,自号为南越武王。南越国的建立,使得岭南地区得以在相当大的程度上游离于秦朝末年中原的战乱之外,社会秩序也趋于稳定。

此后,西汉统一中原后,并不像秦朝一样,以武力征服的方式对付岭南地区的南越国,而是派遣大夫陆贾成功地劝说赵佗归顺汉朝。南越国也就此成了汉朝的一个藩属国。岭南归于汉朝治下之后,西汉与南越国保持着朝贡与互派使者的关系。直到东汉时期,岭南地区方才开始缴纳税赋。

秦汉时期,中原移民因多种原因南下移民岭南地区。起初,秦在岭南设置郡县时,主要的南迁人口是由政府主导的,外加流放岭南的罪犯与秦始皇为婚配南征戍边秦军而派去的诸多良家妇女,一并构成了岭南移民的主要组成部分。时至两汉,向岭南的移民则包括了戍边的汉朝军人,因中原战乱逃亡岭南的中原居民,以及被流放的贵族,等等。秦汉时期南迁的中原人,为

---

① 张春雷《论中原移民对岭南文化的影响》,《中州学刊》2013年第8期,第137—140页。

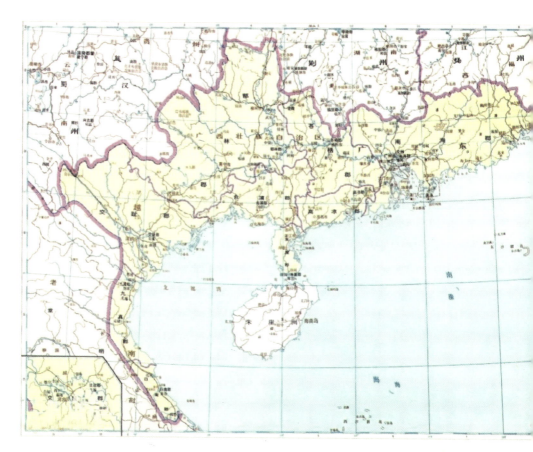

南越国地图。南越国立国之后，赵佗在行政区划上沿袭了秦朝的郡县制。在郡的设置上，赵佗保留了南海郡和桂林郡，并把象郡拆分为交趾郡和九真郡

岭南地区带去了先进的农业文化（包括生产方式与器物），以及其他的文化科学知识技术。这对伴随着文化交融的早期岭南地区的发展起到了重要的推动性作用。

三国时期的岭南地区隶属东吴，是东吴重要的经济、兵员补给地，也是其重要的海外贸易窗口。东吴统治者在对岭南的治理过程当中，采取了诸多在岭南地区堪称首创性的措施。其中便包括首置广州，施行交州、广州分治。这不仅推动了广州外贸的初步发展，也促进了岭南地区经济、产业的新一轮发展。自从交、广分治之后，岭南与江东地区的联系逐渐密切起来。粤东地区的手工业与海外贸易也获得了较大发展。这也使得贸易中心开始逐步由交州向广州迁移。伴随着海上交通航线的更迭，岭南地区的政治、经济重

心逐步落在了广州番禺。

在东吴统治时期里,岭南地区的水稻种植技术获得了较大的发展。《初学记》中有记载:"南方地气暑热,一岁田三熟。"这说明一年三熟的三季稻首度在岭南出现了。这显然推动了岭南地区农业生产的发展。除此之外,该时期岭南地区经济作物的品种也有所增加。其中部分可能是自海外传来的。总之,交、广分治在地区治理层面上促进了岭南地区经济的发展,特别是东部地区;而以广州番禺为中心的社会经济,更是体现出了较为明显的海洋性质。

魏晋南北朝时期,由于北方地区与中原地区战乱频仍,中原地区人民也纷纷向南迁徙。这也是自秦汉时期的大规模南迁以后,出现的中原人的又一次南迁高潮。大量的南迁中原人民中,不乏旧时的名门贵族。他们与岭南地区的居民相融合,起到了推动岭南地区经济发展的作用。此后,到了公元589年,隋朝重新统一中国。陈霸先在岭南自立的南陈也通过和平归顺的方式,重新投入了中原统治者的怀抱。隋朝政府在岭南设置了两个"总管府",分别为广州与循州(大约在今广东省惠州市)。此后不久,隋朝灭亡,岭南各地地方军事势力各拥一方。公元621年,唐派李靖重新平定岭南,岭南地区自此汇入中原唐王朝。唐王朝的开放政策,将岭南地区的广州经济推向了鼎盛。唐代是广州"通海夷道"的繁盛期,而自陆上丝绸之路没落之后,海上丝绸之路便取而代之,成了中西之间的主要交通渠道。与此同时,唐朝对海上贸易几乎不作限制。如此开放的对外贸易政策,使得中国的海上贸易不仅繁盛,与中国有贸易往来的国家也遍布南洋与西亚、北非。

海上丝绸之路的逐步成熟与远洋贸易的发展,在很大程度上促进了岭南地区造船业的进步,而广州地区也成为唐朝首屈一指的造船地。其中有一些广州制造的海船,如"苍舶""大眼鸡"等海船至今仍负盛名。中国先进的海船还引得外商竞相购买或租用。

唐代的广州,不仅是世界闻名的海船出口地,也是中国历史上最早设立市舶司的港口城市。由于唐朝对广州及其对外贸易的倚重,市舶使一般由皇帝直接委任,且不隶属于任何地方行政机构。其职责主要在于检查来往贸易商船、征收贸易货品关税、稽查违禁载物等。当时唐朝对外商征收的关税并不繁重。正因为广州对外贸易的发达与唐王朝对外贸易政策的开放性,大量外商云集广州,广州也成了贸易与宗教文化交流之重地。现坐落于广州越秀区光塔路56号的怀圣寺,是中国最古老的伊斯兰教清真寺。它见证了唐朝年间,随着对外贸易的发展,广州地区所受到的外来宗教的影响。

广州光塔寺中的光塔。光塔寺为广州清真古寺之一,始建于唐高祖时,是我国现存最早的清真寺

相比前两次移民浪潮,两宋时期的移民,也就是历史上第三次向岭南地区的大规模移民,对岭南文化的影响最为深远。北宋末年,朝都开封被金人攻陷,赵构于南京应天府(今河南商丘)即位,史称南宋。然而金兵继续挥师南征,南宋无力抵挡,方退却至江南地区。据史料记载与不完全统计,当时随高宗共同南迁至岭南的中原人,大约10万。另外,南宋末年,中原人为避战乱,远离蒙古人的硝烟铁蹄,再次大举南迁。宋代向岭南的移民浪潮,彻底将岭南地区的社会生产、生活与中原地区、江南地区拉到了同一水平线上。岭南南越文化的充分汉化,以及前述三大民系的形成,也是在这个

时期完成的。如今我国南方以华夏汉族为主、多个少数民族融为一体的基本格局，也正形成于宋代。

在这一次大迁移中，南下的中原人民与江南人民不仅带来了新的生产耕作方式，还将当地方言等文化传至岭南。故而南宋时的岭南地区已经在使用南宋的官话，并至今仍可见于方言的细枝末节当中。宋代广州的外贸经济继续向前发展，与广州有直接外贸往来的国家、地区也在增多。这一时期，"贡舶贸易"的盛行，为此后几百年间广州的外贸发展模式打下了坚实的基础。

南宋末年，蒙古人在中原掀起战乱，岭南经济同样遭到重创。广州是宋元军队的最后一个战场，争夺战持续了整整两年。战乱所带来的破坏，使得泉州港得以暂时性发展，并成为元代最大的对外贸易港口。直到至元二十三年（1286），元朝政府方重新在广州设置市舶提举司。这也代表着广州重新受到中央的重视。但在倾向于"海禁"的元朝政府外贸制度之下，广州相比于泉州，处于相对劣势的地位。即便如此，广州的外贸水平仍超宋代。当元朝统治者注意到旧的相对封闭的外贸政策的弊病时，便开始对广州的外贸管制逐步放开。加上海上丝绸之路航线的跨洋航路已逐步成熟，广州有着泉州无法抗衡的天然优势。因而，元代的广州仍是当之无愧的"海上丝绸之路"始发港。

明洪武年间，首度在广东设置行省。广东也不再隶属于其他政区，并统管雷州半岛与海南岛。另外，明朝首立两广总督，对广东、广西两省的军事、社会、政治事务进行统一管辖，从中亦可看出明代中央对岭南地区的倚重。明朝初年，政府积极开展对外贸易。随着此后对外贸易政策在"海禁"与"开海"之间的摇摆不定，明朝民间的"商舶贸易"与"贡舶贸易"也是此消彼长。在政府与地方贯彻实施"海禁"政策的同时，民间海上贸易便伺机兴起，并逐渐成为明朝政府主导的"贡舶贸易"的重要补充。在民间外贸商人与政府"海禁"政策进行抵抗斗争的漫长过程中，"海商帮派"逐步形成了。随着隆庆年间"漳州月港"的开放，明朝政府的"海禁"政策执行力度开始逐步松弛下来。正是重开海禁成就了"粤商"这一群体的形成。

经济繁荣的同时，明代对理学崇尚的风潮，也体现在了岭南文化当中。明代中叶广东著名心学大家陈献章，又称白沙先生，他是明代王氏心学的重要人物。黄宗羲曾在《明儒学案》中指出："有明之学，至白沙始入精微。其吃紧工夫，全在涵养。喜怒未发而非空，万感交集而不动，至阳明而后大，两先生之学，最为相近。"陈白沙的弟子、增城湛若水，更是扩大了陈白沙心血成果的影响，其门徒甚众，一呼而百应。后世称之为"江门学派"或"陈湛学派"。

陈献章塑像

文化交流与交融是一个逐渐发展的历史性进程。我们可以想象，依托海岸线维持生计的居民数量，"坐水吃水"的做法，毕竟是饱和性的。因而，随着汉人移民的逐渐增多，其生产生活所占的区域也越大，农业社会的封建文化亦逐渐成为主力。从文化交融后的中原、岭南文化两方面来讲，"中原文化随着时间的流逝与环境的变迁而不断发展变化，而岭南文化则较多地保存了中原文化传入时的面目"[①]。与此同时，岭南地区的百越族开始逐渐消

---

① 张春雷《论中原移民对岭南文化的影响》，《中州学刊》2013年第8期，第137—140页。

亡，随之各少数民族开始逐渐形成。这一时期内的上述两个平行发生的历史进程，促使岭南地区文化的精神内核与本质特征开始向汉文化为主导、兼容百越族文化的格局转变。即便如此，文化中的传统南越族文化属性仍旧根深蒂固。汉文化亦并非在宋代已达顶峰。对此，屈大均认为："广东居天下之南，故曰南中，亦曰南裔，火之所房，祝融之墟在焉，天下之文明至斯而极，极，故其发之也迟，始然于汉，炽于唐于宋，至有明乃照于四方焉。故今天下言文者必称广东。"① 而潘耒在《广东新语》序中写道："粤东为天南奥区，人文自宋而开，至明乃大盛，名公巨卿，词人才士，肩背相望，翁山既已掇其精英，为《广东文选》矣。"② 也就是说，这两个人都认为时至明代，汉文化与岭南文化方才全面强盛。

这一时期岭南文化的主要特征，即为内陆的农业文化与岭南地区独有的海洋文化两大传统的并存发展。相比前一时期，岭南地区彻底将以海外贸易主导的商业贸易为中轴的物质文化多元一体化架构构筑完成。《萍州可谈》一书中的有关记载，亦大量涉及岭南海洋文化的范畴，以及岭南地区多元一体化文化的形成标志。③ 虽然随着与中原封建主义文化的融合，农作物的生产开始迅速发展，但不同种类经济作物以及各个物资生产、加工部门又呈现出多元一体化的发展趋势。这一基本格局，主要一体化于商业贸易，特别是海洋贸易。这与内陆地区"重农抑商"的封建小农经济文化类型截然不同。与此同时，在这一时期，封建文化开始全面进驻岭海社会生活的方方面面。但由于地域所特有的自然物质文化模式，岭南地区社会逐渐发展为一个较为特殊的混合型重商社会。④ 特别是在社会阶级结构上，岭南地区社会亦并不是标准的封建等级社会，而更像是一个以平民社会精神为支撑的市民社会。此外，岭南地区鲜明的海洋文化特质，集中体现于本期逐渐形成的华侨社会中。

清朝初年，清政府实行了相当严厉的"海禁"政策。直到康熙平定台湾之后，政府才重新"开海贸易"。乾隆二十二年（1757），中央撤销了江、浙、闽三海关，仅广州"一口通商"。自此广州成为清政府对外贸易的特区性质的存在。粤海关垄断对外贸易的近一百年，广东对外贸易空前繁荣，它

---

① 《屈大均全集（四）》，第287页。
② 《屈大均全集（四）》序，第1页。
③ 参见欧安年《〈萍洲可谈〉涉及的岭南海洋文化》，《广州大学学报》（社会科学版）1999年第1期，第79-81页。
④ 参见郑德华《"一口通商"与"澳门航道"》，《学术研究》1999年第12期，第35-42页。

不仅是宫廷御用珍稀洋货的唯一供给地，也是家喻户晓的世界性贸易港口。另外，随着乾隆"一口通商"政策的提出与实施，"十三行"应运而生，至鸦片战争前一直发展鼎盛。

广州粤海关大楼。康熙二十三年（1684）清政府开放海禁，设粤（在广州）、闽（在厦门）、江（在云台山，今连云港附近）、浙（在宁波）四个海关。乾隆二十二年（1757）关闭厦门、云台山、宁波三个海关，仅留广州一口对外贸易，开启"一口通商"时代

清朝的"一口通商"政策与对广东的贸易开放政策，更是让前朝业已形成的"海商"群体获益匪浅。他们乘着自己的商船，在新的更大范围内的大三角贸易航线上，旅经各国经商贸易。大规模出海贸易的广东商人，在海外形成了华侨群体。定居国外的华侨群体始现于明朝，但移民高潮应在"一口通商"之后。广商华侨群体在对外贸易过程中，起到了中外文化交流媒介与对外贸易经济活跃因子的作用。明清两代，广州也是政府吸引外国传教士与

科学技术人才的窗口。掌握西方先进知识、技术的西方传教士进京司职的现象屡见不鲜。而中国传统文化也经由岭南向世界范围辐射。正因为如此,时至近代,岭南地区的先进知识分子在中西文化碰撞产生的激烈火花之下,成了最早"开眼看世界"的一群人。

如上文所述,明代以前,岭南文化仅为中华文化体系中的边缘性文化。甚至到了清末,这种感觉都困扰着岭南人。梁启超在《世界史上广东之位置》中开篇即说:"崎岖岭表,朝廷以羁縻视之;而广东亦若自外于国中。故就国史上观察广东,则鸡肋而已。"① 然而,梁启超的"鸡肋说",更多的是一种爱之深责之切的表达。我们必须明确一点,即古代岭南地区以及岭南文化在古代中华文化体系中并不渺小,也绝非无足轻重。

但是岭南文化确有其独特的历史进程,也形成了其独特的文化品质,这都依托于其独有的地理位置与自然生态环境。中国南海环抱珠江流域地带,珠江八个出海口及相邻江河都汇入南海,从水域和地域上说,是江海一体的;从文化上说也是相通相连的,可以说珠江文化是中国南海文化的一部分,中国南海文化包括珠江文化。② 岭南地区地处中国大陆的南部边缘,宏观自然生态特征为"岭海环抱"。五岭以南的土地与这片土地以外更为广大的南海,共同构成了一个"岭海一体"的地理架构。③ 当然,北部的岭与南部的海,在岭南文化个性化特质的形成过程中所起到的作用、所占据的地位实则并不对等。现代以珠江文化为代表的岭南文化,能深刻地反映出岭南地区如是地理特征与对南北不同地理条件的权重。原始居民在这一宏观地理系统中所展开的生产生活实践,与海洋片刻难分,而这也导致了其地域性文化建构上相对于中原地区主流文化的个性化特质。也正是由于岭南地区处在大陆的边缘,离文化中心非常遥远,兼有五岭相阻隔,其所发展出的地域性文化也理所当然是边缘性的。如是边缘性文化却因开拓、开发海洋而逐渐为世界所倚重,并为华夏所重。自古以来,世界经由这条岭南地区人民开发的"南海丝绸之路",经南海、珠江口进入中国,并使得世界逐渐为岭南,甚至华夏所倚重。④

---

① 引自黄树森主编《广东九章——经典大家为广东说了什么》,广东人民出版社2006年版,第30页。
② 黄伟宗《珠江文化与海洋文化》,《岭南文史》2013年第2期,第7-14页。
③ 韩强《广东地域文化特质、地位与岭海主概念》,《探求》2016年第3期,第15页。
④ 本章中所涉及的有关"岭海"的地域与文化界定概念,借鉴自韩强《岭海文化——海洋文化视野与"岭南文化"重新定位》一书。

广西兴安古镇。兴安由于地处楚越之交的特殊地理位置，自古以来便是中原汉文化和岭南百越文化的交汇之地；灵渠修通以后，更成了连接中原与岭南的重要纽带。兴安千年古镇也成为中原汉文化与百越文化交织的历史见证者

　　显然，在古代社会，岭南地区的海洋文化对世界历史所做出的贡献，不仅将岭南文化推向了世界，更是奠定了其之于华夏文化体系，之于各地域文化中的特殊地位。所谓特殊地位，即岭南文化以海洋文化为文化内核，与华夏内陆文化传统及观念显著不同。通过因海而重的历史事实，我们应当明确发展其地域文化核心价值观的基本原则与支点。

　　岭南地区陆地与海洋面积的比例约为1∶7，故海洋对于岭海的生产、生活、文化建构而言，都是非常重要的。不过，如果从整个中国的地图上看，岭海又地处边缘地带，且与中央地带相阻隔，故其在中国的地位就显得较为边缘化了。如果我们再将视野扩展至全球，岭南地区便不再仅仅是大陆的边缘，而是地处太平洋西岸，包含了中国南部最长海岸线，与南海甚至西太平洋浑然一体。如是视角之下，岭南地区竟俨然位于世界中心一般。无论是东跨太平洋至墨西哥，还是南穿马六甲海峡后向西依次抵达南亚、西亚、非洲、欧洲等地，抑或向南直行至澳大利亚，岭南地区以及珠江口都可被看作

世界航路中一个近乎中心的节点。近年来,许多学者的研究均表明,岭南地区是海上丝绸之路的始发地,而广州很可能就是海上丝绸之路最早的始发港。①

法国年鉴学派第二代史学家费尔南·布罗代尔在其著作中十分强调地缘性因素与区位因素所起到的持久性作用。他在《15 至 18 世纪的物质文明、经济和资本主义》中对世界城市的发展模式进行了详细而审慎的考察,并指出:"可能世界上没有一个地点在近距离和远距离的形势上比广州更为优越。"② 在人类航海的"工业革命前时代",地缘与地理区位因素,显然是一个港口持久性发挥作用的关键性因素。正是由于广州、珠江口甚至岭南地区"地当要会",这里的对外贸易及其与外界的文化交往方能日趋频繁,并成为中外经济文化交流的首要窗口。"作为'第一等孔道'使得西方早期殖民者不要帝国的心脏,不要长江口,而是以岭海,特别是以其中心地广府的广州、澳门、香港为首要目标。这里既有珠江口粤人开拓海上丝绸之路历史辉煌的延续影响,也有海外市场在南边而非东边的原因。"③ 通过宏大的视野,我们不禁发觉,岭南地区这一节点,自古便是东西方交通的重要枢纽,而对世界文明贡献巨大的"海上丝绸之路"贸易交通网络之主线"南海丝路"亦应运而生。

梁启超在《世界史上广东之位置》一文中曾对"东西交通孔道"这一概念进行了界定:

> 古代东西交通之孔道有二,其一曰北方陆路,由小亚细亚经帕米尔高原下塔里木河从新疆甘肃诸地入中国者;其二曰南方海路,由波斯湾亚剌伯海经印度洋从广东以入中国者。此两道迭为盛衰,而汉唐以还,海道日占优势。④

与此同时,他还对近代广东于世界交通中的地位进行了阐释,并对广东的将来进行了展望:

---

① 参见赵焕庭《广州是华南海上丝绸之路最早的始发港(Ⅱ)》,《热带地理》2003 年第 3 期,第 394—400 页。
② [法]费尔南·布罗代尔著《15 至 18 世纪的物质文明、经济和资本主义》,顾良、施康强译,生活·读书·新知三联书店 2002 年版,第 594—601 页。
③ 韩强《广东地域文化特质、地位与岭海主概念》,《探求》2016 年第 3 期,第 19 页。
④ 引自黄树森主编《广东九章——经典大家为广东说了什么》,广东人民出版社 2006 年版,第 30—31 页。

> 今之广东，依然为世界交通第一等孔道。如唐宋时，航路四接，轮樯充闾，欧洲线、澳洲线、南北美洲线，皆集中于此；香港船吨人口之盛，虽利物浦、纽约、马赛不能过也。若其对于本国，则自我沿海海运发达以后，其位置既一变，再越数年，芦汉、粤汉铁路线接续，其位置将又一变；广东非徒重于世界，抑且重于国中矣。①

这段话实实在在地证明了广东在世界海运体系中的历史地位，以及无论是古代还是近代，岭南地区一贯因海而重。从这个中心节点出发，岭南地区人民所开辟的南海丝路可谓是中国与西方建立联系与往来的主要桥梁。

海上丝绸之路的始发地选为珠江口，而不是长江口，其原因在于海外市场的中心在中国的南边，而不是东边。这也正是为什么葡萄牙人选择占领澳门而不是长江口的港口城市，以及鸦片战争时期英国人登陆于长江口，而《南京条约》中侵占的却是地处珠江口的香港岛。

作为海上丝绸之路的始发地，作为中国对外交流的"第一等孔道"，岭南地区不仅造就了第一批睁眼看世界的人，更以其自身在对外交往中展示出来的文化品格，成为世界认识中国的"第一窗口"。

我们都说岭南文化是一种重商文化，岭南人有强烈的商业文化意识，但往往不自觉地联想到的是商人重利的特点，甚至是奸商欺诈的行为。然而，真正的商业精神，恰恰是重约守信、目光长远、有始有终的表现，而且在近代以前交通并不便利的时代，在国际贸易的视野之下，这种契约精神和长远眼光更像是一种自我约束，因而更加难能可贵。

岭南人正是以这种积极的商业精神给各国客商留下了非常正面的印象。在美国商人亨特的记录中，岭南商人的诚实守信比西方商人更加值得尊敬。因为岭南商人所遵守的合约并没有西方常用的书面契约来保证。十三行行商的合约"除双方各自记账外，从无其他记录，没有书面协议和签字，也无须盖印和誓证，从未发生过故意破坏合约的事件"。

---

① 引自黄树森主编《广东九章——经典大家为广东说了什么》，广东人民出版社2006年版，第42-43页。

开平碉楼之瑞石楼。位于广东省江门市下辖的开平市境内，是集防卫、居住和中西建筑艺术于一体的多层塔楼式建筑。中西合璧的开平碉楼是中国社会转型时期不可多得的主动接受外来文化的重要历史文化景观

亨特还讲述了行商伍秉鉴的一个故事：有一艘由 C 船长指挥的船驶入黄埔，船上载有大量水银，当时这种货物价格下跌得很厉害，货物卸上岸并存放在浩官行里，他提出按市价收购。几个月过去了，当预示交易季节的西南季候风结束时，各商馆开始为他们的船只搜购回程货物，每天都有新茶到达。水银仍然无人问津，若以当时的价格售出，所得款额可购的茶叶数量，与船的容积差距甚大。同时，接获消息称，纽约茶价上涨，显示可获大利。因此，C 船长决定将水银售出，尽快将可购得的茶叶装运，结算售价，即商业用语"结账"（按时登记）。然后立即开始收购。在这个过程中，浩官对他的委托人说："老友，你将得到满载的货物回程，我来供货给你，你可以在下一次付款给我——你不必烦恼。"一切都安排妥当，船开始装货了，装

到一半时，浩官又来找船长，并通知他说，由于北方各省商人突然急需大量水银运回，大大提高了它的价值。所以他按照目前的价格清算这批货物，还在他的账户上将先前所购的注销。由于承托人方面的这一慷慨行为，使 C 船长得以满载货物而归，而且不用欠货款，并使他这次航行的收获差额，差不多达到 3 万元。①

  这类故事在当时来粤西方商人的经验中并不罕见，这更证明了岭南商人不但重约守信，而且在诚信互利方面远远超越了契约的约束。

---

① 参见［美］亨特《广州番鬼录 旧中国杂记》，冯树铁、沈正邦译，广东人民出版社 2009 年版，第 97-98 页。

第三章
岭南文化软实力的近代建构

  岭南虽因山海阻隔而成为独特的文化生态圈，但实际上我们所说的岭南文化也是多种文化子系统综合而成的，其内部的文化价值观的具体表现也千差万别。广府、潮汕、客家，这些区域语言不同，发展经历各异，各自的文化特色也十分鲜明。有学者总结认为："比较而言，广府民系更加开放、兼容、务实；潮汕民系善于适应环境、拼搏创业、精诚团结；客家民系刻苦、刚毅、开拓进取、团结奋斗的精神，各自都有很鲜明的表现。"这类总结是否精确当然见仁见智，但岭南各民系无疑都是各具特色的。

  不过，在这些具体的文化表象背后，岭南文化各子系统也共享着一些价值观的基本准则，这些共同之处又在不同子系统中各有侧重，同时又相互影响，最终组成了一个有机而完整的岭南文化价值体系。这一价值体系一旦成型，便长期充当着岭南文化本身的主体框架和稳定器，规范着本区域内文化特质的发展与传承，并在特定的时代和环境下表现出独特的生命力。

  如前文所述，岭南文化在两千年的演进中形成的价值观特质是多元共生、包容开放、务实创新、敢为人先。这是岭南人在艰苦卓绝的生存与发展实践中凝练而成的文化精华，也是当今岭南文化傲立于中华文化圈甚至世界文化圈的"文化软实力"。它在过去对中华文明的自立与自强贡献卓著，现在和将来也为新时代的发展提供着源源不断的动力。

  然而，这种文化软实力是如何形成的？显然，它不是一蹴而就、一夜成型的，也不是顺理成章自然生长的。在中华大地上，在世界各个角落，类似岭南的自然地理环境并不稀少，但文化发展的方向与内涵却大相径庭。这背后的主客观原因，值得我们深思和总结。

第一节 中华文化是岭南文化的实力之基

首先必须指出,岭南文化根植于中华文化的土壤之中,其内部的基础性价值观体系框架实际上与其他地域文化在根本上是一致的。秦汉时期大量移民到岭南的中原人,使得南越人逐步融入到了汉族当中。这样的文化发展与融合进程,无论是对于岭南文化,还是对于中原汉文化而言,都是具有历史性意义的。胡适曾经指出:"中原的文化许多都变了,而在广东尚留着。"① 这比较准确地反映了岭南在中华文化传承中的独特作用。另一方面,"中原先进经济形势由移民迁入导致的对岭南地区的积极影响,当然可以显著推动当地文化的进步"②。从另一角度看,岭南文化本身从未自感身处中华文化主体之外,历代的岭南有识之士也都以报效国家为追求,以弘扬中华文化教化本土为己任。岭南千余年间并没有发展出完全独立于中华文化的价值观体系。从历史发展来看,岭南文化价值观体系的逐步确立,是中华文化传入并逐渐被消化吸收从而实现本土化的过程,同时又是岭南地区鲜明的区域特色在文化体系中得到保留与发扬的过程。应当说,岭南文化是一种有岭南区域特色的中华文化。这是岭南文化的立身之本、实力之基。

曾有学者通过岭南文化的所谓"远儒性"特质的角度,来观察岭南文化自身独立文化价值观的形成。但这样的概括与视角在学界其实是有争议的,很多人并不认同。③ 自春秋战国诸子百家时起,中华文化经历了从文化的多元性、自由性,向逐渐摒弃"罢黜百家,独尊儒术"的传统模式演变的转折性历程。历朝历代的儒学都是占据统治地位的主流文化,儒学价值观体系也无疑支配着政治、社会、文化生活的方方面面。在此后两千余年的历史长河当中,儒学价值观的内稳态结构,使之成为支撑中国社会、文化沿革发展的精神内核。"当儒家学说在汉帝国渐次上升为统治思想时,岭南地区还在艰难地接受着汉化,直到两汉之际,才正式进入儒化的时代。岭南的儒化过

---

① 黄树森主编《广东九章——经典大家为广东说了什么》,广东人民出版社2006年版,第11页。
② 王子今《岭南移民与汉文化的扩张——考古资料与文献资料的综合考察》,《中山大学学报》(社会科学版) 2010年第4期,第110-116页。
③ 参见陈泽泓《岭南文化"远儒性"说的逆命题》,《岭南文史》2010年第2期,第21-28页。

程，亦即是儒家经学在岭南的传播与消化的过程。"① 所以，虽然从地理位置上讲，岭南与中原相去甚远，其文化的自身发展与主流化过程都相对缓慢，但它却仍在深层次上受到以儒学价值观等为代表的中华核心文化强大主导作用的影响与支配。岭南之"远儒"，仅地域之远，儒化之缓，并不能改变其作为中华传统文化一分子的基本定位。

也就是说，岭南文化的软实力，根基在于作为中华文化有机组成部分的"共性"。这种方向感和归属感是所有其他方面特性的基础。这一点不可忽视，更不能否认。

---

① 程潮《论岭南的汉化和儒化历程》，《广州大学学报》（社会科学版）2002年第7期，第54－58页。

第二节　岭南文化个性在近代的成型

上文已述，儒学一统中华文化的历史现实，自近代起，才因西方资本主义的入侵与西方文化的传入而被逐步打破。伴随着中华文化巨大变革的，是中国社会的近代化转型。无论是国民文化观念，还是诸多领域的社会生活与其间细节，都发生了根本性的转变。此时岭南文化可以说是得了"近水楼台"之利，因而能够"开风气之先"。作为对外交往的前哨地，岭南的演变进程远远走在了中华其他各地的前面。这种演变的进程及其影响是双向的。"岭南地区在中西文化交流历史中起了独特而又举足轻重的作用，并在中西文化的交流中产生重大变化。"①

这种演变发生在政治与社会的各个层面。其中最核心的便是知识结构与体系层面的蜕变，即经济、政治、法律、学术思想等方面的革新。这一层面的文化蜕变，为后续变革奠定了坚实的认知性基础。知识体系的剧烈变迁，也必然会导致其背后具体的单项价值认同层面上的蜕变，例如政治权力观念的演变、哲学上道器本末权重观念的变革、社会体系中宗法观与尊卑贵贱观的变革、对周围世界认知观念上夷夏观与"天朝"中心观的变革，以及主流史观的革新等。从宏观的角度讲，民众政治思维的变化，也会使得岭南文化价值观在政治生活中的体现发生变化。这是一个价值观自适应的过程。"政治生态的变动对岭南政局有着重要影响，而政局的变动又影响着民众的政治抉择。"② 单项价值观逐个变迁的简单累加，也会必然导致价值观核心模式与核心观念的变化。其主要实现方式与途径，即"求同存异"与"扬弃"。变革的结果，是近代岭南文化基本精神的形成。这种基本精神的实质，就是在近代岭南文化的发展过程中表现出来的岭南人的价值系统、思维方式、民众心理以及审美理想等方面内在特质的基本风貌。具体包括开放包容、敢为人先、低调务实，等等。这些近代岭南文化的基本精神是近代岭南文化现象中

---

① 赵春晨、冷东《"明清以来中西文化交流与岭南社会变迁"学术研讨会综述》，《清史研究》2003年第1期，第112-114页。

② 王德军《明清之际岭南政治生态多元化研究》，广西师范大学硕士学位论文，2010年，第26页。

"最精微的内在动力,是指导和推动近代岭南文化不断前进的思想和观念"①。

价值观体系的变动,往往预示着旧时代向新时代进发的历史过程之肇始。而如前所述,文化价值观自形成之日起,就拥有很强的稳定性与抗冲击性,所以价值观培育和转型都绝非易事。岭南近代文化价值体系的发育与成型所经历的时间不长,但其内部变革,无论是从速率上讲,还是从广度、幅度上讲,都十分引人注目,并最终使岭南文化在近代一跃成为中华文化的领头者。若要细究其变革与发展成果卓著的原因,大抵包含如下几点。

首先,岭南地区接触外来文化的冲击与影响最早,做出回应也最快。虽然由于利玛窦等传教士的推动,在明末士大夫阶层已经兴起了相当程度的西学热潮,西学在明末社会也得到比较广泛的传播,② 但是整体上的闭关锁国政策使大规模全方位的中外交流不可能在北方文化核心区顺利展开。而岭南地区借助海上丝绸之路的便利与一口通商等政策上的优势,比较完整地保持着与西方世界的沟通。岭南对外交流带来的影响之盛,从当地长期中外各种货币混用的局面可见一斑。

> 粤中所用之银不一种,曰连,曰双鹰,曰十字,曰双柱,曰北流锭,曰锯。皆乾隆初年以前所用。其后外洋钱有花边之名,来自墨西哥。又有鬼头之名,盖外人往往以其国王之像印于钱面也,今民间呼为番面钱,以画像如佛,故又号佛番。南、韶、连、肇多用番面,潮、雷、嘉、琼多用花边。③

在此过程中,交流的参与者有意无意地引荐着西方文化的优秀成分,推动着岭南文化特质的革新。例如清代十三行"捐资兴学、发展文教、辅助教育;编印丛书丛帖、刊刻著作,发展乡邦文化;主动学习和传播西方文化,引进学习新的自然科学知识,推动了岭南以及整个中国近代化进程。"④ 蔡鸿生先生在《清代广州行商的西洋观——潘有度〈西洋杂咏〉评说》一文中,通过阐释潘有度于十三行发展勃兴的历史过程中逐渐萌生的西洋观,从侧面

---

① 唐孝祥《试论近代岭南文化的基本精神》,《华南理工大学学报》(社会科学版)2003年第1期,第19-22页。
② 参见沈定平《明清之际中西文化交流史》,商务印书馆2001年版,第612-613页。
③ 胡朴安《中国风俗》,九州出版社2007年版,第283页。
④ 彭丹《论清代广州十三行商人对岭南文化的贡献》,暨南大学硕士学位论文,2006年,第49页。

十三行图。十三行是鸦片战争前广州港口官府特许经营对外贸易的商行总称,别名"洋货行""洋行"。十三行也是早期对外文化交流的窗口

反映了清初乃至近代,伴随着贸易与西方文化传入对以岭南地区为主的国人观念的影响。①

其次,近代中国承受了相当多的对外战争与不平等条约,岭南地区首当其冲,并最早引发了深刻的回应。近代初期对外战争的失败和不平等条约的先后签订,有力而强迫性地刺激了近代中国社会、文化等一系列变革的出现。西方帝国主义侵略战争摧枯拉朽般的破坏性力量,唤醒了中华民族,撼动了延续两千年来的中华民族根深蒂固的文化价值观。岭南因地缘因素的影响,最早迎来了外力冲击所催生的社会变迁,在战争创伤之中痛悟中华文化价值观变化之出路。因而,岭南文化的价值变革亦自然而然地走在中华文化的最前列。

再次,近代以来的中外文化交流也以岭南为最盛。历史上大部分文化变

---

① 参见蔡鸿生《清代广州行商的西洋观——潘有度〈西洋杂咏〉评说》,《广东社会科学》2003年第1期,第70-76页。

革现象,都很难与文化交流脱离干系。对外文化交流是文化蜕变的必要条件,也能够明显催促其对应的文化价值观的演变。自近代国门被迫打开之日始,西学的传入已然成为中国文化对外交流之主流,传入与影响的深度、广度都直接影响到地域性文化乃至中华文化的演变走向。就此方面而言,岭南文化自身的地域优势又凸显出来。岭南地区中西文化交流日益频繁,成为中西文化对话与碰撞的窗口。文化价值观以此土壤为变革之基底,也就显得再正常不过了。

应当指出,岭南文化实为根性浓郁而稳固的文化,并非不断跟风而变。任何文化在特定的语境下,都拥有着其最基本的根性。文化根性的熏陶与滋养,本就是包罗万象而潜移默化的,且集中体现于文化主体、个体所拥有的意识共性与融汇于方方面面的鲜明个性之中。这种根性来源于地域的自然、人文条件与文化传承,亦取决于地域内的教化、社会风俗与生活习惯等。所以,恰恰是岭南文化长期形成的务实创新精神,决定了其在中外文化交流中能够主动吸纳先进成分,推动中华文化走向近代化。例如,明末的科学思潮所具备的基本特点,即包括"经世致用"、向往自然、重视数学学科与提倡观察、试验方法与验证手段等特征。当其传至岭南地区时,这些特征与岭南文化的特质竟不谋而合。[1] 当近代中国面临着前所未有的挑战与冲击之时,行走于前列的岭南人在积极参与反侵略战争的同时,对西方文化的传入与侵袭采取了正视、求索、反思与变通的良性态度,毅然开启了中华文化价值观变革之先河。这很显然是岭南文化自身根性作用的结果。

最后,岭南地处"天高皇帝远"的神州大地的最南端。远离京城与朝廷,为岭南文化自身的变革及其与西方文化的批判性交融提供了相当大的便利。这也就是地处偏远南疆的岭南得以在中国近代历史上一跃成为文化变革之先导的主要原因。[2]

当然,一般来讲,文化价值观的演变是一个纷繁复杂,曲折式上升的过程。传统价值观自身本就是根深蒂固的,其强大的稳定性,在面对外来文化的传入与冲击,以及时代赋予国民的新的精神诉求之时,可谓一道相当难以逾越的鸿沟。除此之外,对传统价值观的反叛、质疑本身,也必然会遭受客观物质、社会、政治环境与既有条件的制约。文化价值观的演变,远没有新思想的创生那样遵循主观的自由与随心所欲。于是,纵观近代岭南文化的变

---

[1] 参见沈定平《明清之际中西文化交流史》,商务印书馆2001年版,第582-597页。
[2] 参见梁嘉彬《广东十三行考》,广东人民出版社1999年版,第107页。

迁进程，当处于不同的时代因素与历史现实条件的支配之下时，其文化价值观的内涵与演变趋势亦各异，并形成了一个纵向上连续的基本脉络。

洪秀全创建拜上帝教，发动太平天国运动，可以反映出这种文化及价值观变迁之一斑。清朝咸丰年间，面对全国性的社会动荡局面，亟须重建秩序的清朝政府的对策是大力推动儒学正统地位的加强。这一背景为程朱理学的复兴提供了重要的契机。而自北京政变之后，清王朝为了树立"正人立朝"的形象，不遗余力地提拔所谓"理学名臣"[①]。但是在对时代变革的根源与方向感受更深的岭南地区，人们期待的是更加深刻的思想创新和转型。为了推翻清政府，建立新政权，洪秀全吸纳了西方基督教的部分教义与精神，夹杂了一些西方思想与文化，构建出了一套独立且在当时富有创新性的思想体系，创立了拜上帝教。依托于农民运动与暴力革命，拜上帝教的教义对传统文化价值观造成了相当猛烈的冲击。这成为太平天国起义者在意识形态方面反对传统儒家思想的武器。它极大地动摇了历代尊拜与崇奉的观念与经典，对社会、文化基本准则进行了重新构建与阐释的尝试。

洪秀全与拜上帝教图

---

① 史革新《程朱理学与晚清"同治中兴"》，《近代史研究》2003年第6期，第72—104页。

但是，太平天国式的冲击的影响仍旧是表面的，形式上的，它带来的实质性进步可谓寥寥。更有史家的研究成果认为太平天国叛乱不仅没有削弱，还在一定程度上强化了旧有的封建社会核心价值观。因为起义本身是以小农生产为基础，这就决定了它很难逃脱旧有的封建社会核心价值观，一旦得势，太平天国的领导者与参与者的追求仍然是黄袍加身、荣华富贵，最终的结果只能是破坏性大于建设性，而遑论导向社会变革与进步。"正是由于历史和阶级的局限，农民并不代表新的生产关系，他们在深受封建压迫和剥削的境况中可以掀起反封建的狂飙，然而他们一旦夺得政权以后，也必然会逐步向封建政权转化。与此同时，在思想文化领域里，也必然要把他们所反对的封建文化搬回袭用。"①

紧接着，郑观应、胡礼垣以及何启等人，又对传统文化价值观发起了新一轮的冲击。② 在这一时代，清王朝正积极扶持着作为早期近代化开端的洋务运动，而"中体西用"，"师夷长技以制夷"，打通"夷夏"等思想逐渐占据了主流地位。上述三人也正是这一浪潮中涌现出的早期洋务思想的先进性代表人物。郑观应编著的《盛世危言》是中国思想界较早的一部审慎思考"传统社会向现代社会转变"的著作，为当时学习西方文化，谋求自身改革的崭新思潮奠定了相当坚实的基础。③ 而何启、胡礼垣合著的代表性思想著作《新政真诠》，则试图在实行新政、振兴商业、培养人才等方面展开论述，反思并批判了旧的伦理纲常、封建帝制，显露出了更为锐利的新思想锋芒。④ 这一时期的先驱们更注重阐释"道器本末"的关系，力求从制度上学习西方文化。如是思潮反映了岭南先哲在因应时代挑战时的反思已十分深刻，他们从自身学习和实践的经历中看到了当下变革的关键所在，他们的思想引导了从"洋务"向"维新"的思维模式、关注重心等方面的转变，为戊戌维新运动的爆发与开展提供了坚实而有力的思想动力与知识支持。

此后，康有为等维新派人士，又将整个传统文化价值观体系向前推进了一大步。戊戌变法之时"康有为采取'以经论政''托古改制'的手法，利用今文经学的形式发挥维新变法的内容，批判当时的孔教构思有极大的武断

---

① 杜经国、程杰《试论太平天国反对封建文化的斗争》，《甘肃社会科学》1979年第4期，第67-72页。
② 参见徐新平《论维新派新闻自由观》，《新闻与传播研究》2010年第5期，第17-26页。
③ 参见〔清〕郑观应《盛世危言》，中华书局2013年版。
④ 参见〔清〕何启、胡礼垣《新政真诠》，广西师范大学出版社2015年版。

性……"① 相比上述郑观应等人，康有为更偏重于理论探究与思想启蒙。他的代表作《新学伪经考》《日本变政考》《人类公理》等所体现其本人思想之特点，即近乎极端地全盘接受其所能触及的西方文化价值观，从"人"的思想文化发展的角度，对中国传统文化价值观进行了彻底的批判与反思。"戊戌时期极力倡导'孔教'的康有为，无疑也是'当时中国最具有世界意识的人'，而且，正像有学者指出的，'凡是维新运动盛行的地区，都和康有为有关'。会通中西学术，'通经史而讲时务'，是戊戌维新时期康有为言行的一大历史贡献。"②此外，康有为将其本人思想

康有为（1858—1927），原名祖诒，广东省南海县丹灶苏村人，人称康南海。晚清时期重要的政治家、思想家、教育家，资产阶级改良主义的代表人物

与变法运动的实践紧密地结合在了一起，使得变法运动中的基本主张呈现出相当大的改革力度。同时，康有为还向知识界提出了有关批判专制、倡导民权的呼吁。尽管由于历史条件的制约，康有为最终并未能获得成功，但其历史作用却是不可磨灭的。③

孙中山提出的三民主义思想最终完成了文化价值观的更新换代。他所阐释的民族、民权、民生三大主义构成了其思想的主体架构，而这一思想理论体系在此后的革命实践中，又不断得到充实与完善，并于第一次国共合作期间进一步升华为"新三民主义"。"社会的进步以物质生产的发达为基础，

---

① 刘月玲《试论康有为孔教思想与实践》，陕西师范大学硕士学位论文，2009年，第14页。
② 龚郭清《论戊戌维新时期康有为的"孔教"构思》，《天津社会科学》2006年第6期，第129-135页。
③ 参见韩华《梁济自沉与民初信仰危机》，《清史研究》2006年第1期，第55-69页。

同时，必须使政治文明和精神文明相随并进。人民群众的切身利益如何保护和发展，社会正义如何得到坚持，都在很大程度上与政治的是否清明关系至大。"① 从思想表象上看，三民主义并没有彻底脱离与传统中华文化及其价值观之间的联系。然而，从本质上讲，三民主义绝不仅仅是对传统思想文化体系的重新解读，而是民主主义思想体系的创新性改造。民主主义的价值观也构成了三民主义思想的基本内核，并成为三民主义民主精神的显著标签。更重要的是，该思想体系的价值观与基本精神广泛地体现在政治、经济、社会、外交等诸多领域。而对那些所借鉴的传统文化资源，三民主义也本着民主主义的思想原则，进行了必要的修饰与改造，赋予了其新的内涵与活力。在传统文化资源与根植于岭南的地方性文化熏陶之下，"三民主义"在一定程度上解决了"国家建构"与"民主建构"两大重要政治使命与历史任务，并体现了岭南文化的部分文化特质。②

---

① 曾成贵《三民主义：共产国际的解释与孙中山的理论创造》，《江西师范大学学报》（哲学社会科学版）2005年第4期，第90-94页。
② 参见马敏《论孙中山的现代国家建设思想》，《华中师范大学学报》（人文社会科学版）1998年第4期，第12-23页。

第三节　近代岭南文化变革的内涵与影响

相较个体性思想文化或非主流思想文化的演变，成体系的文化价值观演变，必然会为经济、政治、社会等带来一场非同小可的深刻变革。近代岭南文化价值观变迁所带来的影响，可具体归结为以下几个层面。

首先，岭南文化价值观的变革，为岭南地区带来了一场剧变。作为文化价值观演变的基地，特定地区在其所孕育的地域性文化演变及其效果逐步显现的过程中，往往会首先感受到变革所带来的冲击力与吸引力。起初，无论"民主"还是"民权"的概念，都是"舶来品"。[1]当民主与民权的思想传到资产阶级改良派与革命派的脑海中时，它便迅速与开放、包容的岭南文化交织在一起。文化内涵的变革与发酵，引发了一系列持有相对先进思想的进步人士应运而生。当推动文化价值观变革的代表人物横空出世之时，一大批追随者与信奉者很快聚集成一个富有内部凝聚力的整体，并成为推动、宣传与拓展变革的中流砥柱。洪仁玕、梁启超、陆皓东等人，都为其所信奉的新思想不遗余力地推崇与弘扬。可见，文化价值观演变伊始，来自文化主体个体的反响便是广泛而独特的。

不过，岭南文化价值观变革所产生的影响，主要体现在了整个中华民族的层面之上。"战争，不但是敌对双方军事、经济、政治力量的决斗，也是这些方面情况的交流。"近代民主思想的酝酿，本就是与西方的交流，经受西方所带来冲击之后的一种文化价值观、民族世界观上的转变。岭南文化中民主思想方面内涵的酝酿过程，乃是伴随着与西方的交流、斗争并行出现的。[2]上述推动这一变革过程的代表人物的初衷，就是国家与民族的改造。因而，他们所要转变的主要对象，是中华文化的价值取向。这一过程一旦开始并推广开来，尽管历经坎坷，面临地域性、阶级性壁垒的重重阻力，亦势必将在全国范围内引起各界思想的猛烈震颤。[3]而这些代表人物及其忠实的追随者、基层工作者，都不约而同地走出岭南，以宣传自己的观念、追逐最

---

[1]　参见熊月之《中国近代民主思想史》，上海社会科学出版社2002年版，第8—12页。
[2]　参见熊月之《中国近代民主思想史》，上海社会科学出版社2002年版，第74—88页。
[3]　参见李宗桂《中国文化概论》，中山大学出版社1988年版，第205—206页。

初的理想为己任，活跃于全国各地。这一过程也有助于岭南文化价值观在见诸实际的过程中，不断在实践中得以优化、完善。事实上，这一波又一波的思想革新运动，纵使最终失败，却仍在现实层面上猛烈地冲击了清政府的统治及宏观的政治、文化、社会格局，并引发了一轮又一轮广泛而深刻的变革。也正是这样一个发散—实践—改良—再实践的过程，使得孙中山的三民主义成了凝聚民主革命思想，反映改造中国的现实需求，深刻体现中华民族未来发展意愿的思想旗帜与行动指南，并在新旧民主主义革命之间的转变过程中发挥了无可替代的指引性作用。这与岭南文化价值观中开放共融，兼收并蓄的基本内涵，以及与时俱进的基本特质相一致。能够体现出岭南文化价值观的人物与事件，在中国的近代历史中比比皆是。①

岭南文化价值观变革所带来的最深远的影响，是对后世与中华民族未来的影响。从历史的宏观视角上看，近代中国的社会转型，以及与之并行的文化价值观的演变，实际上是一个长期的、持续性的历史进程。面对前世遗留的亟待解决的重要问题，以及随着时代的发展不断出现的崭新问题，近代岭南文化价值观演变所取得的成果，仍能以其鲜活、批判性、富有针对性的内容，提出值得反思与借纳的现实性、创造性的解决办法。这不仅体现在岭南文化的精神内容当中，还体现在岭南地区学术发展历史等文化实践中。"古代岭南的学术研究，本来落后于中原地区，从汉代起，吸纳了中原的先进文化而起步，一开始就显示出其善于兼容、勇于开拓、独树一帜的特色。在经学、佛学等领域分别出现了陈钦、陈元、牟子等名家，杨孚所撰的《南裔异物志》更是中国第一部地区性物产志。"② 很显然，这与岭南的地域性格是相辅相成的。岭南人勇于吸纳西方文化，学习西方先进知识，努力追赶世界潮流的积极态度，敢于批判专制并果断接纳民主主义的勇气与精神，以及与帝国主义侵略势力斗争到底的雄壮气概，先进而审慎的实现现代化理想的伟大追求，振兴中华并以一个伟大民族的姿态与能力为全人类做出应有贡献的远大志向等，都在文化价值观的演化过程中得以发酵、发扬光大，并成为后世思想文化建设的基石与重要组成部分。其中为人所反复引用与传颂的内容，又能为岭南文化自身所用，在全新的历史条件与环境之下，做出新的阐释，并赋予其具有时代气息的崭新内涵。"岭南因而在西学东渐之中得西方近代社会及自然科学文明之先机，无论是在社会方面、政治方面、道德伦理

---

① 参见胡凡、王建中《阮元与嘉道时期岭南文化的发展》，《大连大学学报》2003年第3期，第32-36页。

② 胡巧利《广东方志与岭南文化》，《广东史志》1999年第3期，第69-73页。

万木草堂

方面、风尚习俗方面乃至学术、教育方面,均率先受到西方近代资本主义文化思潮的猛烈碰撞。有识之士更从西方资本主义哲学及社会政治学说中得到启迪。"① 不过,从另一角度讲,近代岭南文化价值观演变历程中所暴露出的种种局限性,在现当代也有着不同程度、不同层面上的再现。这也提醒了我们,文化价值观的进一步变革与发展完善,依然是任重而道远的。

---

① 汪松涛《论岭南晚清文化特质》,《岭南文史》1997 年第 1 期,第 10 – 18 页。

第四节　岭南文化软实力与当代建设

从考量广东软实力建设的角度讲，研究近代岭南文化价值观的演变，具有重大的现实意义。如哈佛大学教授约瑟夫·奈所言："硬实力与软实力同等重要，但是当人类进入了信息时代，软实力的权重正变得比以往更加突出。"① 在分析一个国家综合国力的构成要素时，我们通常会将其分为有形力量与无形力量，或者说硬实力与软实力。硬实力是指支配性实力，包括基本资源（如土地面积、人口、自然资源）、军事力量、经济力量和科技力量等；软实力则分为国家的凝聚力、文化被普遍认同的程度和参与国际机构的程度等。在软实力的主要内容中，文化的吸引力与感染力，以及意识形态与政治价值观的吸引力可谓重中之重。所以，究其核心，软实力建设实际上就是文化建设。但从广东软实力建设的角度讲，岭南文化构成了其深厚的基础，同时也为其提供了丰富的可利用资源。与此同时，如今的岭南文化自身，又是一个具备无限潜力，且生机勃勃、日新月异的创新滋生地。在软实力建设的进程中，如何紧紧依托岭南文化，充分发挥其指导性与开拓性作用，特别着重于中国近代岭南文化价值观变革所带来的丰厚成果与时代性启示，实现软实力建设与地域性文化的内在结合与良性互动，是我们所应当率先考虑的基本问题。

我们首先需要明确一点，即软实力这一概念是不能空谈的，是不能脱离硬实力泛泛而论的。软实力也不只是单纯的文化实力，而更是在国家或地区的大语境之下，与硬实力相匹配，在现代社会发展的过程中彰显凝聚力、影响力与扩张力的内在动力。而软实力中首要的文化价值观，则是内在动力的力量之源。强大的软实力，必然得益于强大的统领性价值观的支撑。前文已述及，在近代的文化演变进程中，岭南文化一跃成为领先于中华文化的先进

---

① ［美］约瑟夫·奈《软实力：权力，从硬实力到软实力》，马娟娟译，中信出版社2013年版。约瑟夫·奈的这一名言，实则为多方所引用，其中汪松涛先生的文章对其之引用具有一定程度的代表性，约瑟夫·奈在其著作《软实力：权力，从硬实力到软实力》中，对三者之间的关系进行了详述。其中，在新版中文译本序中，他还做出了"如果中国决定在国际事务中扮演一种新兴的负责任的利益相关者角色，那么其硬实力和软实力合二为一将为世界做出积极贡献"的重要论断。

区域性代表，并对整个中国思想文化的进步产生了重大影响。深究其中的机理，实则文化价值观的有效转变，促使岭南文化以其一贯的包容性与适应性，融合西方传入的优秀文化元素，进而开启了飞速发展模式，走在近代中华文化前列。另外，也正因价值观的由浅入深，遍及形式与内容的种种变化，近代岭南文化方能焕然一新，并在全国范围内产生广泛而深远的影响，而这样的变化趋势，切实地体现在南海丝绸之路的整个发展历程当中。①

尽管随着时代的更迭，古今软实力建设基本内涵已然大相径庭，但价值观的功用仍不容小觑。若是不注重价值观，软实力建设很可能难以达到预期的效果，甚至沦为一纸空文。对价值观进行改进的高度关注与切实践行，并不代表如同近代那般全盘颠覆，而是需要针对当下所暴露出的现实性问题，对价值观进行谨慎而创造性的更新与整合。例如，某些过时、腐朽的观念迟迟不能摒弃，改进价值观的工作迟迟得不到重视，滞后于时代的主张总是缺乏有力的、全新的解释，僵化的思维方式仍生搬硬套，一贯的且虚无缥缈的说法与事实真相之间的显著反差得不到根本性革除。这些现象都是价值观基础不牢固的体现，而这也会极大地影响文化体系的先进性。如此，文化及其价值观对人民的影响就会大受限制，文化软实力自然难以坚如磐石。

在具体的、历史的环境和语境下，任何软实力都有其特定的文化基础与表现方式。可随意照搬的"标准模式"并不存在。相比硬实力的获得方式，软实力需扎根于传统之中，并在沿袭与革新两方面应力上保持较为合理的动态平衡，这样软实力方能获得持久而旺盛的生命力。当今我国的软实力建设，断不可忽视或脱离传统文化。以往针对传统文化，我们或许有过很多不够理性的极端主义行为。因此，对于传统文化，我们应采取更加理性与科学的态度。沿袭与革新二者缺一不可，需有机地结合在一起。

搞好软实力建设，还需要我们加快推进中外文化的交流与融合。强大的软实力，是以开放为其根本特征的。这也就要求我们不能仅靠自身的文化传统与软实力资源，还要谦虚谨慎地广泛吸纳各国先进文化之精华，使得我国文化及价值观能在一定程度上体现出世界文明发展的潮流。从某种意义上讲，岭南文化价值观的演变史，实际上就是一部中外文化交流史。在不同的时代背景与历史阶段之中，岭南文化的先行者与代表人物都明确提倡对西方文化的吸纳，以及中西文化的结合，并因此提出了很多具有时代价值的重要

---

① 有关南海丝绸之路的历史过程，本书详细参考了韩强《岭海文化——海洋文化视野与"岭南文化"重新定位》中的相关内容。

思想。①

  如今，全球化已然成为时代的大势所趋，世界各国之间的联系也越发紧密。我国在进行文化软实力建设的同时，需具备更为宏观与高远的全球视野，提升中外文化交流的自觉性。同时，我们应以充分的民族自信，以及大国的气度与心态，在注重广泛的文化融合的基础之上，加深文化交流与融合的深度，本着实事求是的态度，以追求真理真知为基本准绳。这样方能使得软实力建设落到实处，收到实效。

---

  ① 有关岭南文化代表人物的详细内容与论断，可参考韩强《岭海文化——海洋文化视野与"岭南文化"重新定位》中的"开眼看世界""近代中国思想启蒙的摇篮"部分。

第四章
南海丝绸之路的发展历程

正如梁启超的"鸡肋说"一样,岭南文化确曾是中华文化体系中的一簇边缘性地域文化。然而,自古以来岭南就独辟蹊径,向大海求生存、在海外求发展,并成功地开辟出属于自己的独特价值空间。梁启超说,岭南"重于世界",既点出了岭南以世界为重的眼界和胸怀,又反映了岭南很早就在世界享有不可小觑的地位与作用。

岭南地区的世界眼界和世界价值,集中地反映在南海丝绸之路两千余年来的发展上。岭南在中华各区域文化中率先孕育出海洋文化,南海丝路的开拓以及中外海上贸易长期繁荣的深刻内涵,[①] 并借此阐释其对华夏文化乃至人类文化所做出的贡献,以及其自身最具标志性的特色。历史上中外文化传播的两条通路是内陆丝绸之路与海上丝绸之路,其中海上丝绸之路是一整个航路网络,而粤人所开辟的南海丝路可谓是中国海上丝绸之路的主要航线。对于南海丝绸之路的发展历程和分析,近代以来的学者已有充分的论述。如梁启超《世界史上广东之位置》一文,核心内容便是追述了历史上广东对外交通的发展脉络。他把汉代以来直至晚清的发展概括为南路海道之初开通、发达期、全盛期、中衰期、复苏期、过渡期、忧患期等七个阶段,[②] 虽具体证据经长期研究已有所改进,但仍不乏参考价值。此外,在周运中、韩强等学者的著作中皆有各具特点的研究和总结。下文将综合既有的研究成果,对南海丝路的发展历程略作梳理。

---

① 参见韩强《岭海文化——海洋文化视野与"岭南文化"重新定位》,花城出版社2014年版,第310页。

② 引自黄树森主编《广东九章——经典大家为广东说了什么》,广东人民出版社2006年版,第30页。

第一节　南海丝路的起源

传统观点多认为海上丝路最早始于汉武航线，但早在先秦时期，南海向海外的贸易航路已有所开拓。近年来有关海洋文化的研究中，史家们将岭南地区的海上贸易与交通推前到了一个比史料记载更早的年代。在汉武航线以前的时期，海洋交通、商业贸易与文化交融已经存在一个漫长的发展与发酵的过程。有关南海丝路的最初起源，陈摩人在《"海上丝路"史事拾摭》一书中曾提及，今珠海市西区宝镜湾藏宝洞内的大型摩崖壁画中，显现出了多艘船形物。据考古学家推断，此壁画年代几可追溯至青铜时代。无论这一推断是否合理，此处摩崖壁画都可谓是古航海的缩影，生动地体现了岭南地区先人自古探寻大海彼方的海洋文化活动，以及勇于向海洋开拓进发的精神。[1]除了这一说法，甚至还有部分学者将南海丝路的发源时间推前至新石器时代。曾昭璇等人撰述的文章中，认为新石器时代岭南地区的地域性文化对外传播已深入到了南洋一带。[2] 另外，丁希凌认为："特别是岭南，濒临南海，早在新石器时代，即有航海与对海外的经济、文化交流。……据有关史料与专家考证，我国南方的百越族群，在几千年前，已有能力跨海远征，足迹远至南太平洋上的波利尼西亚群岛一带。"[3] 加上《岭峤春秋——海洋文化论集》中提到的岭南地区航海所影响到的密克罗尼西亚、印度尼西亚、塔希提岛、萨摩亚、夏威夷等地，可见岭南地区先民海洋文化的影响力自新石器时代、青铜时代始，已遍及东南亚部分地区以及西太平洋的诸多岛屿。刘兴诗在《中国古代海事活动与海权意识》一文中提出："夏商之后的周，继承夏商水平，北方齐、鲁，南方吴、越，航海水平均已非常发达。山东半岛最东端之莱夷，早有'通工商之业，便鱼盐之利'，可算是不折不扣的海上民族。

---

[1] 参见陈摩人《"海上丝路"史事拾摭》，见《岭峤春秋——海洋文化论集》，广东人民出版社1999年版，第125页。
[2] 参见曾昭璇、曾宪珊《论我国海洋文化发展与珠海市建设》，见《岭峤春秋——海洋文化论集》，广东人民出版社1999年版，第17-18页。
[3] 丁希凌《未来文明的出路在海洋》，见《岭峤春秋——海洋文化论集》，广东人民出版社1999年版，第175-177页。

珠海市西区宝镜湾藏宝洞内的大型摩崖壁画

吴、越更毋庸讳言。"①

之所以称这一历史悠久的海上交通与贸易网络为"海上丝绸之路",主要缘自汉武帝时期对外贸易的主要商品丝绸,集中地代表了当时中国最先进的生产力。因而,"丝绸之路"包含的意义绝不仅是丝绸贸易之路,更带有海上交通、对外贸易与文化传播、交融等多个层次的文化标签。作为古代连通东方与西方的贸易桥梁与海上商道,与日本人称之为"陶瓷之路",而阿拉伯人称之为"香料之路",道理实际上是一样的。② 陶瓷实际上是联系中世纪东方与西方的贸易与文化的纽带。在"丝绸之路"这一称谓与范畴中,陶瓷与丝绸的意义同样举足轻重。

从日本学者三上次男等人的研究中可以看到,新石器时代,岭南地区已对外传播先进于其他地域的石器文化。③ 这也有力地证明了海上丝路早在岭南文化独立发展的新石器时代就已被岭南地区的先人开拓出来。当然,若要彻底证实南海丝路的航海与海洋文化传播活动始于新石器时代,还需等待更

---

① 刘兴诗《中国古代海事活动与海权意识》,《成都理工大学学报》(社会科学版)2014年第5期,第65-73页。
② 参见石源华主编《中外关系史三百题》,上海古籍出版社1991年版,第100页。
③ 参见[日]三上次男《陶瓷之路》,文物出版社1984年版,第152页。

多考古学证据的发掘与利用。中国史书中留有记载的最初岭海人远航海外的活动，其所处时代主要集中于秦汉时期。汉代扬雄的《交州牧箴》简要地概括了秦汉时期"交州"地区的海上交通与贸易之全貌：

> 交州荒裔，水与天际。越裳是南，荒国之外。爰自开辟，不羁不绊。周公摄祚，白雉是献。昭王陵迟，周室是乱。赵裳绝贡，荆楚逆叛。四国内侵，蚕食周宗。臻于季赧，遂入灭亡。大汉受命，中国兼该。南海之宇，圣武是恢。稍稍受羁，遂臻黄支。杭海三万，来牵其犀。盛不可不忧，隆不可不惧。顾瞻陵迟，而忘其规摹。亡国多逸豫，而存国多难。泉竭中虚，池竭濑干。牧臣司交，敢告执宪。①

东汉时期的交州，包括今越南北部和中部、中国广西和广东，即涵盖了岭南地区。因而，文中"周公"的上文"爰自开辟，不羁不绊"，或许指海上航线的开辟，即上文所言岭南文化独立发展时期岭南地区的先人开辟海上丝绸之路的事。而自"周公摄祚，白雉是献"到周朝衰微之时，岭南地区"赵裳绝贡"，所发生的时间应是独立发展期向百越文化圈过渡时期。其中"白雉"（拉丁学名：*Phasianus Colchicus*，脊索动物门，鸟纲，鸡亚目。《尚书大传》卷四："周公居摄六年，制礼作乐，天下和平。越裳以三象重译而献白雉。"②《史记·封禅书》："纵远方奇兽蜚禽及白雉诸物，颇以加礼。兕牛犀象之属不用。皆至泰山祭后土。"）③ 显然是华夏所没有的飞禽，属外来物种。这说明文中所讲到此时期进贡之事，实为岭南地区向中原天子进贡海外特产的证明。这将岭海人开辟南海丝路的时间大大提前了。若据此进行推断，南海丝路的开拓时间或能追溯到公元前 12 世纪至公元前 11 世纪。

相较南海丝路之起源问题，百越文化中所体现的中外文化的交锋与融汇的史料则更为充足。部分学者认为印度与中国的贸易往来可追溯到公元前三百余年。阇那迦（Canakya）的《利论》一书中提及的公元前 4 世纪以前的"Chinapatta"，即中国制造并用于海外贸易的丝织品。而古希腊人对中国的称谓"Seres"，实亦源自丝绸。④ 当时售往欧洲以及近东的丝绸，不全然是依靠陆上丝绸之路来进行贸易输出的，亦有通过海上丝绸之路自印度中转至

---

① 〔唐〕欧阳询《艺文类聚》，上海古籍出版社 2011 年版，第 152 页。
② 〔清〕王先谦《尚书孔传参正》，中华书局 2011 年版，第 78 页。
③ 〔西汉〕司马迁《史记》卷二十八《封禅书》，中华书局 1999 年版，第 1190 页。
④ 参见李庆新《濒海之地——南海贸易与中外关系史研究》，中华书局 2010 年版，第 7 页。

欧洲与近东各地的。杨少祥在《试论徐闻、合浦港的兴衰》一文中表达了如下观点："自春秋战国时期起，就有陶器与丝织品自两广的徐闻港、合浦港运往阿拉伯与东南亚地区，同时将海外的犀象、香料、珠玑等物转运回楚国、中原等地。"① 李庆新也在专题论文中提及："从中国经南海到印度洋的海上航路，大概在秦汉之际南越国时期已经贯通。……最远到达今天印度南部的波杜克（Podouke）和斯里兰卡，标志着联结中国与印度洋的海洋航路正式对接。"且在汉武帝时，汉使已到达黄支国（今印度境内）。一般而言，海上地区间的商业贸易活动，显然比官方互派使节来得更早。② 从以上的史料以及学术论述来看，南海丝路及其连带的对外贸易网络在先秦时期已初现端倪的事实，已是板上钉钉，其范围至少涵盖了东南亚以及印度洋沿岸。

无论从史料记载，还是从考古发现来讲，南海商路都是中国所拥有的最早的海外航线与贸易网络。此外，从南越国时期出土的文物来看，当时番禺种桑养蚕，显然已经具备了生产较精细丝织品的能力，而上述运至印度的"Chinapatta"，很有可能就来自南越国（广州南越文王墓出土的各种纺织品中，丝织品占据了较大比例，无论从工艺上还是从数量上，都绝不亚于长沙马王堆汉墓的同类出土遗物）。此外，从广州中山四路的秦汉造船厂遗址与东山农林下路出土的南越国木椁棺中的彩绘木船模型中均可看出，南越国的造船规模与技术已经相当成熟。因而，很有可能在秦汉以前，岭南地区的造船技术与海外贸易活动程度已达到了相当高的水准。此外，在印度洋航线开通以前，或者更保守地讲，汉武航线开通之前，"南海丝路"的商业航线必然经历了一个相当漫长的探索与延伸的过程。"这条连接亚、非、欧三洲的海上交通路线，是古代海上丝绸之路的大动脉，沿线不同国家、地区以及彼此间的交往，构成'丝瓷之路'物质文明和精神文明双向交流的主要内容。"借由南越始发的南海丝绸之路航线，与外界所产生的交流活动，显然包括物质与精神两大层面。③ 但究其初衷，这一时期的基本特点是朝贡体制尚未完全建立，开辟南海丝路的主要目的应为商贸与物资交换。这里需要强调一点，南越国时期的海上贸易活动，是依托"南海丝路"的贸易活动，但并不确切地属于先秦阶段，而是先秦南海商路与汉武航线阶段的一个过渡期与中间环节。

---

① 杨少祥《试论徐闻、合浦港的兴衰》，《海交史研究》1985 年第 1 期，第 34 - 39 页。
② 参见李庆新《唐代南海交通与佛教交流》，《广东社会科学》2010 年第 1 期，第 118 - 126 页。
③ 参见李锦绣《古代"丝瓷之路"综论》，《新疆师范大学学报》（哲学社会科学版）2017 年第 4 期，第 53 - 60 页。

第二节　汉使航程与汉武航线

汉武航线的开辟与形成，是岭海之所以能成为中西交通史上开拓者的重要因素。据《汉书·地理志》记载：

> 自日南障塞、徐闻、合浦船行可五月，有都元国；又船行可四月，有邑卢没国；又船行二十余日，有谌离国；步行可十余日，有夫甘都卢国。自夫甘都卢国船行可二月余，有黄支国，民俗略与珠崖（海南）相类。其州广大，户口多，多异物。自武帝以来皆献见。有译长，属黄门，与应募者俱入海市明珠、璧流离、奇石异物、赍黄金杂缯而往。所至国皆禀食为耦，蛮夷贾船，转送致之。亦利交易，剽杀人。又苦逢风波溺死，不者数年来还。大珠至围二寸以下。平帝元始中，王莽辅政，欲耀威德，厚遗黄支王，令遣使献生犀牛。自黄支船行可八月，到皮宗；船行可二月，到日南、象林界云。黄支之南，有已程不国，汉之译使自此还矣。①

其中障塞为今越南顺化灵江口；徐闻、合浦即今徐闻县、合浦县；都元国即今印度尼西亚苏门答腊岛东北部（亦有在今马来西亚马来亚西部一说）；邑卢没在今缅甸勃固附近；谌离国为今缅甸伊洛瓦底江沿岸的顿逊（典那沙冷）；夫甘都卢国在今缅甸伊洛瓦底江中游；黄支即今印度马德拉斯西南的甘吉布勒姆；皮宗在今印度尼西亚苏门答腊岛东部宽坦河口的皮散岛；日南在今越南中部；象林位于越南岘港以南武嘉河之南；已程不国在今印度半岛南部，或在今斯里兰卡。这是我国古代文献中有关中西交通的最早、最完备的记录了。

如果按照史料中所显示的信息来看，汉武帝时南海船队开拓的自南海到印度洋的航线，应为我国历史上首条远洋航线。中西交通史与中国海洋史中所记载的最早的海上对外贸易活动，以及朝贡贸易也都集中在这一时期。李

---

① 周振鹤《汉书地理志汇释》，安徽教育出版社2006年版，第58页。

庆新在其研究中提出,汉武航线所到达的最远点即上文所述的"已程不国"①,也就是今天的印度南部或斯里兰卡。这标志着联结中国与印度洋的海洋航路在这一时期终于全线贯通。②而有关汉武航线的其他说法,主要包括:北起辽宁丹东,南至广西白仑河口的南北沿海航线;从山东沿岸起,经黄海通向朝鲜、日本的航线;自徐闻、合浦港出海至东南亚、南亚、太平洋诸岛等广大地区的航线。一般学界普遍认为海上丝绸之路所指,即徐闻、合浦与海外之间的航线,也即我们所说的"南海丝路"。这些航线细节的考证,不仅依靠古书上的各类记载,还需依靠考古学家的研究成果。③

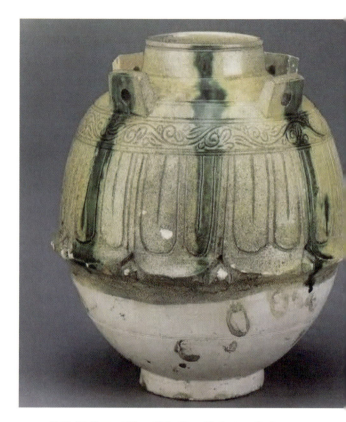

黄釉绿彩四系罐。濮阳李云墓出土。来自埃及,自汉武航线进入中国

此后,汉武航线逐渐延伸至欧洲,并开启了与欧洲之间的贸易。自此,中国的对外贸易物资,均由徐闻、合浦两港起航,运至缅甸、印度南部中转。在此下船的货物又由安息与罗马商人运往中亚进行贸易。航船此后继续

---

① 已程不国,多谓即今斯里兰卡,古读"已秩不",为斯里兰卡古巴利文狮子国(Sihadipa)的译名。一说在今印度东南钦格耳普特(Chingleput),还有认为在今印度西南部,印度尼西亚爪哇、苏门答腊和非洲埃塞俄比亚等说法。——引自李庆新《从考古发现看秦汉六朝时期的岭南与南海交通》。

② 参见李庆新《从考古发现看秦汉六朝时期的岭南与南海交通》,《史学月刊》2006 年第 10 期,第 10 – 17 页。

③ 有关秦汉时期我国出土的陶瓷,以及国外出土的经由"南海丝路"运往海外的陶瓷,参见刘良佑《陶瓷之路》,中信出版社 2016 年版,第 48 – 65 页。

起航，在埃及的亚历山大港中转，运至欧洲。《后汉书》记载"桓帝延熹九年，大秦王安敦遣使自日南徼外献象牙、犀角、玳瑁，始乃一通"，表明汉桓帝时期，通过海上丝绸之路的媒介，罗马人已开始了同中国的直接贸易。[①]当然，在汉朝看来，这种贸易当属朝贡贸易的范畴。

---

① 参见徐杰舜《中国古代海洋文化特质试析》，见《岭峤春秋——海洋文化论集》，广东人民出版社1999年版，第290页。

第三节 广州"通海夷道"的形成

广州"通海夷道"始称于初唐,直至元代仍相当兴盛,是中国海上丝绸之路历史上一个具有跨时代意义的阶段。这一阶段也是岭南地区闻名于世界海洋国家的时期。隋唐定都长安以后,伴随着陆上丝绸之路的阻塞,海上丝绸之路的交通作用方得以凸显。五岭以北的潭州(今湖南长沙)、洪州(今江西南昌),五岭以南的桂州(今广西桂林)、广州甚至交州等,都是这一时期的中心城市。除了陆上丝绸之路受到阻碍以外,"唐中后期广州通海夷道的兴盛,进而代替陆上丝绸之路成为对外开放的主要通道,其根本原因在于中国整体生产力和社会水平的发展与提升"[1]。将桂州、广州、交州、潭州、洪州这些城市彼此连接的道路网络,已然纵贯五岭南北,并形成了以广州、交州、桂州、潭州、洪州等城市为中心的核心交通运输通道网。这彻底改变了早前岭南交通闭塞,各货运道路交相并存的混乱格局。除此之外,随着五岭附近各州间道路开拓与建设的日益完备,各州与其下辖县之间的交通、贸易联系也日益紧密了起来。五岭地区各个州间交通支线的发展以及各州县间的小支线网络已然形成。如是繁密精细的交通支线网络,大大便利了岭南港口与岭北相互间的交通运输联系。[2] "'通海夷道'的兴起,将大唐盛世文化源源不断地传到异域,也催生了广州这一商业城市。"[3] 而五岭诸州之中,除了最为核心的广州、桂州以外,连州、韶州(今广东韶关)、郴州、虔州(主辖今江西赣州)、永州等地也逐渐发展成为新的区域交通中心。

对于五岭诸州道路的开拓,最值得一提的是唐代张九龄开辟大庾岭驿道。大庾岭驿道的开凿,带来了可谓革命性的影响。

早在秦朝之时,五十万秦朝大军南下,其中一路"守南野之界",大庾

---

[1] 马英明《唐代广州通海夷道的繁盛》,《中小企业管理与科技》(上旬刊)2009年第28期,第117-118页。

[2] 有关"广州通海夷道"的相关内容及史料,本书详细参考了韩强《岭海文化——海洋文化视野与"岭南文化"重新定位》一书的"广州通海夷道"部分内容。

[3] 向玲、戴伟华《唐代广州之"通海夷道"与文化记忆》,《中国名城》2011年第8期,第31-35页。

岭上横浦关就成了"通南越道"之中的重要关隘与天险之地。"赣粤地区经济开发直接与水陆交通的开辟有关，秦汉时代开辟的大庾岭古道，开辟了岭南地区的经济，并逐渐形成了赣江、珠江流域地区的经济文化带，进而带动了各自腹地的经济开发与发展。"① 张九龄未打通新道之前，直至六朝时，翻越大庾岭的道路仍旧如《太康地理志》所云："岭路峻阻，螺转而上，逾九蹬，二里至岭，下七里，平行十里至平亭。"张九龄在《开凿大庾岭路序》中也提到，当时的交通情况极为恶劣："初，岭东废路，人苦峻极，行迳夤缘，数里重林之表；飞梁嶫嶫，千丈层崖之半。颠跻用惕，渐绝其元，故以载则曾不容轨，以运则负之以背。"也就是说，南北过往客商，欲从此过者，必只能舍弃载具，独自背负货物过岭。开凿此条通路以后，大庾岭南北的交通道路，以及边夷贸易的窗口都一并打开了。"转输以之化劳，高深为之失险。"② 唐朝贞元年间，当朝宰相贾耽也记道："考方域道里之数最详，从边州入四夷，通译于鸿胪者，莫不毕记。"所谓"入四夷之路与关戍走集最要者"，总共有七条之多（营州入安东道、登州海行入高丽渤海道、夏州塞外通大同云中道、中受降城入回鹘道、安西入西域道、安南通天竺道、广州"通海夷道"）。

大庾岭驿道的开凿，奠定了此后一千二百余年五岭在南北、内外交通中不可替代的地位。大庾岭驿道开凿以后，成为南北交通的重要途径，大批的物资要通过这条道路转运到江淮或长安去。③ 不仅如此，如明人丘濬所说，"兹路既开，然后五岭以南之人才出矣，财货通矣，中朝之声教日逮矣，遐陬之风俗日变矣。"④

贾耽在《海内华夷图》中介绍了广州"通海夷道"的具体航路走向：自广州屯门（今香港新界西北部青山湾）出发，沿传统意义上的南海航线，先穿越南海、马六甲海峡，进入印度洋，并进而驶入波斯湾；自乌剌国（旧址在今幼发拉底河口的伊拉克巴士拉）中转过后起程，沿波斯湾西海岸继续航行，可以进入阿曼湾、亚丁湾并最终到达东非海岸。在10世纪之前，这条航线是世界最长的远洋贸易航线，同时也是唐代最重要、最著名的海外贸

---

① 胡水凤《大庾岭古道开拓对赣粤地区经济开发的影响》，《宜春师专学报》1999年第4期，第64-67页。
② 〔唐〕张九龄《开凿大庾岭路序》，见黄树森《广东九章——经典大家为广东说了什么》，广东人民出版社2006年版，第44页。
③ 参见李玉宏《试论张九龄开凿大庾岭驿道的意义——从大庾岭的战略地位及广州商业外贸发展方面探讨》，《韶关师专学报》1985年第1期，第38-46页。
④ 黄树森主编《广东九章——经典大家为广东说了什么》，广东人民出版社2006年版，第48页。

南雄梅关，古称秦关，又称横浦关。位于距广东韶关南雄市约30公里的梅岭顶部。梅岭古道自秦朝即为南北交通咽喉要道，张九龄主持开凿大庾岭驿道之后，交通条件大为改观，南北经济文化交流更为便利、更为繁荣。有诗为证："长亭短亭任驻足，十里五里供停骖。蚁施鱼贯百货集，肩摩踵接行人担。"

易交通航线。①

广州作为"通海夷道"的重要港口，唐朝政府给予充分重视。一般认为，开元以前，唐朝政府便在广州设置了国家直属的对外贸易监管机构——市舶司。该机构较为有效地保证了广州对外贸易的有序化与逐步繁荣。而广州对外贸易的繁荣情况，又在海上交通、运输等方面的状况与发展趋势上得到了长足的体现。唐代的广州港分内外两港：屯门港和扶胥港是为外港（位于今黄埔区庙头村西）。而内港即为广州城港。在对外贸易当中，内外港分别起到了重要的作用，并共同作为当时广州贸易关系中的加以联系的纽带。如梁启超所言："初唐时代，中国海运方盛，一也；大食海运新兴，二也；天竺海运辅行，三也；波斯海运未衰，四也。并此四者，而广州遂骤为全世

---

① 参见李庆新《唐代南海交通与佛教交流》，《广东社会科学》2010年第1期，第118—126页。

界之重镇。"①

自唐朝时起，海上丝绸之路在发达程度上正式超越了陆上丝绸之路。在唐开元年间，中国和大食之间海上贸易的繁荣程度达到了顶峰。广州与缚达（今伊拉克巴格达）也在这一时期成为全球最大的两个国际贸易港口。

> 广州东南海行，二百里至屯门山，乃帆风西行，二日至九州石（今海南岛东北角）。又南二日至象石（今海南岛东部独珠山）。又西南三日行，至占不劳山（今越南岘港东南的占婆港），山在环王国东二百里海中。又南二日行至陵山（今越南归仁附近）。又一日行，至门毒国（古址在越南中部归仁、芽庄之间）。又一日行，至古笪国（故址在今越南中部东南的芽庄）。又半日行，至奔陀浪洲（今越南东南海岸的潘朗）。又两日行，到军突弄山（今越南南部湄公河口外的昆仑岛）。……又西一日行，至乌剌国，乃大食国之弗利剌河（幼发拉底河），南入于海。小舟溯流，二日至末罗国，大食重镇也。又西北陆行千里，至茂门王所都缚达城。

《新唐书·地理志》中的这段文字所列举的，仅是自广州起航通往西方世界的部分海上航线，实即为"广州通海夷道"。这条航线较为完整而充分地反映了唐代"南海丝路"远洋航行的贸易性质与发展水平。② 东亚、东南亚、南亚、波斯湾、阿拉伯半岛甚至东非沿岸等地都被这条中轴航线紧密地串在了一起。此处需特别注意一点，唐代海船自广州出发，却并未经过徐闻港、合浦港，而是直接沿海南岛东部海岸经西沙群岛直接驶向东南亚地区。这不仅符合中国一口通商的大趋势，也大大缩短了航程。而据《太平广记》记载，当时海南有部分原住民一边劫掠过往船只，同时又兼作海上贸易维生。从这一侧面亦可察觉，唐代时海南岛已是海外船只往来的重要聚集点，于是这种海盗扎堆的现象也就不足为怪了。③

阿拉伯人对中国与西亚、东非之间航道的记载，也可与我国有关广州"通海夷道"的史料形成相互印证。公元851年刊定之《中国印度见闻录》是迄今为止所发现的最早的阿拉伯人记载的中国游记，其中有大量对阿拉伯

---

① 黄树森主编《广东九章——经典大家为广东说了什么》，广东人民出版社2006年版，第33页。
② 参见周运中著，王日根主编《中国南洋古代交通史》，厦门大学出版社2015年版，第103页。
③ 〔宋〕李昉等《太平广记》，中华书局1961年版，第1137页。

与中国之间航线的详细描述。① 此外，阿拉伯人伊本·胡尔达兹比赫于《道里邦国志》一书中，不但记载了中国与大食国之间借助陆上丝绸之路所建立的交通与贸易往来，更是述及了两国借助海上交通航道（南海丝路）而进行的航海活动与相互间贸易往来。② 而生于这些著者所处年代之后的阿拉伯地理、历史学家马苏第所著《黄金草原》提及了从阿拉伯到中国航行总共需要经过七片海域（分别为波斯海，即今波斯湾；拉尔海，即今阿拉伯海；哈尔干海，即今孟加拉湾；凯拉赫巴尔海，即今安达曼海；坎杜拉吉海，即今泰国湾；占婆海，即今西沙群岛附近；涨海，也就是当时的中国南海，即今南海东部）③。其余阿拉伯同一时代的地理类书籍上也提及了所要经过的这七片海域，只是各书籍间所述名称稍有差异。此外，这类书籍中还记载了大量有关各港口附近地域特产及用于外贸的热销产品种类等内容。以上记载均可以从另一侧面印证唐代中外"海上丝绸之路"，以及其连带东西方之间贸易的繁荣兴旺与发达。虽然前文已提及，"朝贡贸易"的繁荣与押新罗渤海两蕃使的设立，都是致使唐代海上丝绸之路勃兴的客观原因，但"支撑唐代中后期海上丝绸之路繁荣的基础在地方、在民间"。其中，民间商人对贸易的热衷，贸易的有利可图与东洋、南洋地区各国对我国商品的硬需求，都是支持海上丝绸之路贸易航道网络不断发展的重要原因。④

广州城港作为珠江入海口的内港，其与海上丝绸之路之间也有着千丝万缕的联系。广州是唐朝时期中国最大的沿海港口，也是广州"通海夷道"的中国始发港。该时期，阿拉伯商人遍布亚洲、欧洲、非洲三块大陆，自然也在广州城港形成了较为强大的势力。⑤ 位于广州的怀圣寺，是中国境内现存最早的清真寺。相传唐高祖年间，穆罕默德手下弟子来粤传教，经由海上丝绸之路抵达广州城港。该寺乃其弟子之一阿布·宛葛素主持，由侨居广州的阿拉伯商人出资捐建。怀圣寺光塔既见证了唐代广州"通海夷道"的繁荣，也从侧面反映了当时广州阿拉伯商人势力的雄厚。在这一时期，广州与海外各地区之间的常态化航线有数条之多，分别可抵达东南亚各国、波斯湾沿岸、南亚沿岸等地。除此之外，广州与朝鲜、日本之间亦有较为频密的固定

---

① 穆根来等译《中国印度见闻录》，中华书局1983年版。
② [阿拉伯] 伊本·胡尔达兹比赫著《道里邦国志》，宋岘译注，中华书局1991年版。
③ [阿拉伯] 马苏第《黄金草原》，耿昇译，青海人民出版社1998年版，第160－177页。
④ 参见刘凤鸣《唐中后期东方海上丝绸之路繁荣原因探析》，《中国高校社会科学》2015年第6期，第73－85页。
⑤ 参见马英明《广州通海夷道与中阿交往》，《广州航海学院学报》2010年第3期，第33－35页。

南海神庙

航线的海上贸易往来,但贸易活动一般以中国向外出口为主。而日本也将广州作为其通往东南亚的中转港口。唐朝初年,中国向日本出海贸易的商船多由扬州、登州出发。而到了唐代中后期,则大都要经过明州港。当时,"日本专门设置'大唐通事'和'唐物使',也从两个侧面说明唐朝商人赴日贸易的兴盛和日本对唐朝商品的广泛需求。"中国向日本输出的主要商品包括丝绸、陶瓷、铁制品、漆器等,其中工艺品占绝大多数;而同一时期自海外进口的外贸货物主要包括象牙、玳瑁、香料、珠宝等。①

陈摩人在其论文中提到:"到了北宋、南宋时期,通西亚等地的陆路交通,基本上陷于停顿,中西交通主要依靠海路。所以这一时期的海上'丝绸之路'又有了进一步的延伸。"②与唐代相比,海上丝绸之路的东线已经延

---

① 参见车垠和《明州出海唐商的兴起与东亚贸易格局》,《社会科学辑刊》2008年第5期,第139—143页。

② 陈摩人《"海上丝路"史事拾掇》,见《岭峤春秋——海洋文化论集》,广东人民出版社1999年版,第125页。

伸至菲律宾群岛附近，而西线也自波斯湾延伸到了红海海域。宋代与广州之间有贸易往来的国家不下 50 个。而据元代陈大震主笔的《大德南海志》记载，到了元成祖时期，与广州通商的国家和地区已达 140 个。主要航线也由唐代时的六条增加至九条。这些航线的开拓与日趋繁荣，为此后的郑和下西洋打下了坚实的基础。

单从宋代来讲，此时的岭南经济中心已然形成，岭北、岭南之间的交通都以大庾岭为要。此外，随着造船技术的提高，运河与长江、珠江及其主要支流所能承载的水上交通也开始占据不可忽视的地位。《广东古代水上交通运输的几个问题》一文提出："秦始皇遣师经略岭南，汉武帝派楼船水师征讨南越、晋代卢循起义在岭南的水战等军事行动，对广东水运的影响尤其巨大。正是中央政权对岭南的多次用兵，广东的内河航道和沿海航道，才得到不断的改善。这一阶段，发展航运业的主要动力源自政治性的目的。"① 从这个角度讲，内河运输是宋元时期的水运系统区别于前朝的一个重要部分。宋代南方商品经济蓬勃发展，水运由唐代以前的政治导向逐渐演化为由经济带动其发展。商品经济的持续发展，推动了岭南、岭北之间的商品交流与更为成熟的贸易往来。随之逐渐形成的地方性市场、政府辖区市场，与岭南特有经济作物的商品化生产，也推动了岭南地区形成独具地域特征的岭海特色经济区。商品交流种类之增多与数量之增大，促进了对内较为固定的交通路线的形成。在此期间，岭海交通网络经过相当程度的细化与系统化，为后世岭南及其与内地之间的交通往来奠定了基本架构。②

随着都城东迁与南移的大势，梅岭道的作用越发凸显出来。正如宋代余靖著的《武溪集·韶州真水馆记》云：

……沿汴绝淮，由堰道入漕渠，溯大江，度梅岭，下真水，至南海之东、西江者，唯岭道九十里为马上之役，余皆篙工楫人之劳，全家坐而致万里。故之峤南虽三道，下真水者十七八焉。"③

不仅如此，外国使者也循此来贡。自北宋前期至中后期，梅岭道附近的

---

① 叶显恩《广东古代水上交通运输的几个问题》，《广东社会科学》1988 年第 1 期，第 97 – 107 页。
② 本段内容详细参考了王培楠《"一带一路"广东要览》，广东经济出版社 2016 年版，第 62 – 66 页。
③ 〔宋〕余靖《武溪集·韶州真水馆记》。

南雄州（今广东省南雄市，属韶关）、南安军［宋淳化元年，以虔州原辖南康、大庾、上犹三县另置南安军，治大庾（今江西大余县）］、虔州等地商税逐年增加，足见大庾岭道及其附近浈江、赣江的交通、贸易繁荣。讲到这里，便不得不提一下"创于唐而盛于宋"的珠玑巷（位于南雄市北九公里的沙水村），"它不仅是珠江三角洲一带主要族姓的祖居地，而且在古代它又是我国粤北地区的一个重要商业市镇。"① 由于在我国岭南地区的交通史上，珠玑巷地处中原与岭海之间互通的要隘，故经济发展之势非常迅猛，并较早地成为集贸易中转、文化交流为一身的商贸中转站与居民聚居点。"宋代有大批北方移民经由梅岭驿道南下到珠江三角洲地区。今天，珠江三角洲仍有不少族姓认为其祖先是珠玑巷移民。"而珠玑巷此等大势，在唐张九龄修通大庾岭驿道之后，则更加展露无遗。② 如今珠三角地区大量族谱均记载其祖先在南宋之时"举家自珠玑巷迁来"，说明此处在南宋时已成为北方人南迁的重要通道与中转之地。在民间流传的繁星般的移民传说映衬之下，珠玑巷俨然成为北方移民南下岭海的首要驿站。③

随着宋代岭南地区沿海港口的日益兴旺发达，中外海上商贸也呈现出前所未有的兴盛繁荣之势，具体表现包括中外航海的贸易路线不断扩展，外加数条新航线的开辟；来往广州等岭南港口的，以及与宋朝有较为密切贸易往来的国家与地区总数急剧增加；广州的外商与中国南北贸易往来也日趋频繁。

时至元代，国内交通水路驿道可谓阡陌有致，而岭南各个港口通往岭北的节点性质的驿站亦均赫然在列。这些驿站的设立，主要是为了满足朝廷政治与军事上的需求。元世祖时，广东道宣慰使塔剌海曾"开西驿路，以通步驿"。无论是驿道道路的修缮，还是桥梁与浮桥的完善等，大都施于元朝。而内河两岸也出现了码头，除了每日往来于两岸之间的"横水渡"以外，还出现了航程相对较远而出勤时间、起点均较为固定的"长河渡"。随着以广州为中心的水路运输网络日趋枝繁叶茂，岭南地区各地之间的交通浑然一体，同样的航程所需时间亦大为缩短。故《大德南海志》有云"然叶舟风递，驲骑星驰，不十余日可至，何其速也"④。

---

① 黎厚力《珠玑古巷话沧桑》，《商业经济文荟》1987年第3期，第64页。
② 参见曾昭璇、曾宪珊《宋代珠玑巷移民对珠江三角洲的开发》，《学术研究》1997年第10期，第52-53页。
③ 参见王培楠《"一带一路"广东要览》，广东经济出版社2016年版，第67页。
④ 广州市地方志编纂委员会办公室编《元大德南海志残本（附辑佚）》，广东人民出版社1991年版，第83页。

珠玑古巷

  元代日益完善的沿海交通与内地交通，对国内贸易的开展与形式、内容上的更迭均有重大影响。元至元三十年（1293）九月，朝廷在琼州（今海南岛北部，古亦称琼山县）设立了海南博易提举司，后又几番罢立，亦可见元初朝廷对海上贸易态度时有起伏。"鉴于元初高雷地区海外贸易额大增，于是，至元三十年（1293），忽必烈'立海北海南博易提举司，税依市舶司例'。司址即设于雷州。但仅过了一年许，忽必烈去世，成宗继位即'罢海北海南市舶提举司'。"其所履行的贸易管理与征税之职能，实与宋元市舶司无异。[①] 此

---

① 参见颜广文《元代粤西驿道驿站考略》，《中国边疆史地研究》1996年第1期，第24－32页。

后,又在此设置了"覆实司",相当于在掌管当地海上贸易事务的政府机关之上,又设了一道监管机构。据此,我们可以看到中央政权对海南以及南海地区的海上贸易,可谓相当重视。宋元年间,市舶司的功用与部门亦逐步细化,逐渐发展为"外贸行政管理""外贸税收""外贸经营""经济仲裁""外贸接待"等职能为一体的综合性对外贸易管理机构。[①]

[①] 参见柳平生、葛金芳《南宋市舶司的建置沿革及其职能考述》,《浙江学刊》2014年第2期,第20—31页。

第四节 郑和下西洋与大帆船贸易航线

从周期和标准上讲，贡舶贸易在明朝已基本确立。而正因为明朝初年海禁甚严，广东便成了东南亚各国贡舶贸易的必经之地。直至永乐年间，海禁稍有放宽，民间贸易方才重新活跃起来。明英宗以后，岭海海上贸易又呈现出了新的趋势与特征。

随着贡舶贸易日渐衰颓与商舶贸易的逐步公开化，澳门、广州所构成的海外贸易双核架构，逐渐取代了以往的广州"一元中心"。自 1553 年，葡萄牙人租占澳门，以及海上殖民统治时期进入快速发展阶段以后，"广州—东南亚—阿拉伯地区的传统贸易线路逐渐没落"，"代之而起的是广州—澳门—果阿—欧洲航线，广州—澳门—马尼拉—拉丁美洲航线，广州—澳门—日本航线"。澳门成了广州港商船驶出入海口之前的必泊之地。① 除此之外，定期举行的国际外贸商品集市贸易慢慢常态化，而大帆船贸易自兴起于该期以后，其贸易覆盖范围也越广。

随着封建专制制度下的明朝朝贡系统出现极端化趋势，贸易往来也被高度中央化，并被政府赋予了外交与体现宗主国中心地位的功能。"明朝太注重海外贸易的政治功能了，以至于把它束缚在狭隘的贡舶贸易圈子，有意忽视其经济效益，采取'厚往薄来'原则，不惜亏本，招徕贡国。"② 因而，在肯定明朝海外贸易高度发展的同时，我们不宜忽视小农经济的经济基础与意识形态中根深蒂固的"重农抑商"倾向对政府引导对外贸易发展的局限。

明代航海贸易的范围已到达亚丁湾，以及红海以西、以南的非洲，如米昔儿（今埃及）、速麻里儿（今索马里）、木骨都束（今索马里摩加迪沙）、不剌哇（今索马里布腊瓦）、竹步（今索马里朱巴河）、麻林（今肯尼亚马林迪）、比剌（今非洲东北岸阿卜德库里）、孙剌（今非洲东北岸索科特拉）等地。从总体上看，明代基本延续了前朝海上丝绸之路的海上贸易航线，最远航行至非洲东海岸。明代初期郑和下西洋，最远已航行至非洲东海岸的麻

---

① 朱鹏《明代与清代前期广东的海上丝绸贸易》，暨南大学硕士学位论文，2003 年，第 17 页。
② 李庆新《明代市舶司制度的变态及其政治文化意蕴》，《海交史研究》2000 年第 1 期，第 72—83 页。

林。而广东与岭南地区在明季"郑和下西洋"活动中，以及朝贡与市舶贸易的发展中，占据着重要地位。"郑和下西洋"基地在江南，但朝贡主要通道在广东。而且郑和第二次、第六次下西洋是从广东起航的，直接推动了广州的朝贡贸易。[①] 从东南亚到南亚、西亚、非洲，中国与这些太平洋、印度洋沿岸的相关国家，主要通过海上航线相互串联起来。自明初朝贡贸易逐渐衰败之后，一般认为明中后期以市舶贸易为主，促进了明朝与其他海外国家的商业往来。

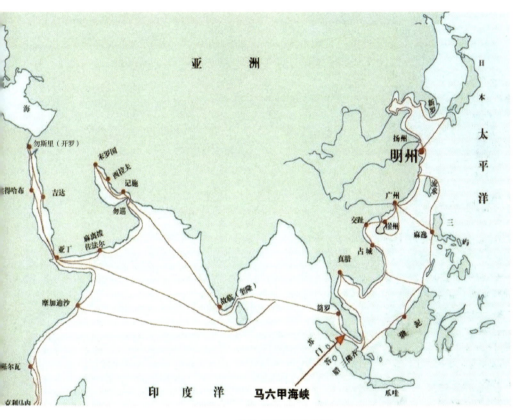

郑和下西洋线路图

明嘉靖年间，以葡萄牙人为主的南洋商人被准许入蚝镜（明代史书中对澳门的叫法）开展贸易活动。此后，葡萄牙人又获得了诸多特权，如可在每

---

① 出自韩强《岭海文化——海洋文化视野与"岭南文化"重新定位》，第315页中所援引李庆新《濒海之地——南海贸易与中外关系史研究》中的相关研究内容。

澳门大三巴牌坊。其正式名称为圣保禄大教堂遗址。该教堂于1635年建成,曾是远东最大的天主教石建教堂。1835年教堂惨遭大火焚毁,仅遗教堂前的68级石阶及花岗石建成的前壁。大三巴牌坊是早期中外贸易文化交流的历史见证

年春季或夏季到广州海珠岛参加定期的贸易集市活动,以及可直接自中国商人处采购丝绸、瓷器等商品运往澳门。葡萄牙人的到来,对海上贸易的发展所起的作用是具有二重性的。随着葡商与中国之间贸易往来日益频密,自广州至里斯本的国际贸易航线也逐渐成为中西方贸易的核心航线之一。这无疑延伸了"海上丝绸之路"航线所达的范围。与此同时,"葡萄牙人潜往福建、浙江沿海一带,与中国、日本的走私商人勾结,啸聚于宁波双屿、泉州浯屿、漳州月港等,从事海上走私贸易活动。宁波双屿由此也成为葡萄牙人在东方的一个重要走私贸易的据点。"这破坏了明朝中央政府致力营造的朝贡贸易体系,激起明政府对民间私商活动的压制,熄灭了中国逐步走向开放的希望之火,海外贸易政策亦重新转向"闭关自守"。[①] 除了与葡萄牙之间的贸易,明朝年间,岭南地区海域与日本长崎、帝汶、拉丁美洲之间建立了贸易航线与常态化贸易往来。清代张荫桓于其《三洲日记》中记载:

---

① 参见陈君静《明中叶浙东海上私人贸易及其影响》,《宁波大学学报》(人文科学版)2003年第2期,第98-101页。

> 查墨国记载，明万历三年，即西历一千五百七十五年，曾通中国。岁有帆船数艘，贩运中国丝绸、磁泰等物，至太平洋之亚冀巴路高埠（即阿卡普尔科港），分运西班牙各岛（指拉美各地区）。其时墨隶西班牙，中国概名之曰大西洋。①

文中所言的"万历三年"间，葡萄牙与西班牙两国以遏制英格兰、尼德兰等新兴的海洋国家（海外殖民国家）为目的，联合一道。此前，西班牙已于1571年占领吕宋（今菲律宾）。16世纪末17世纪初，葡萄牙、西班牙与荷兰三国曾就崖山港与马尼拉的贸易港口控制权展开争夺。最终，荷兰人因实力未济，被迫让步。而西班牙人最终宣布葡萄牙商人、中国商人从澳门到马尼拉的贸易合法化。其后，一条横贯太平洋的大帆船贸易航线终于建立了起来，而"原本荒凉贫瘠、无人问津的台湾岛被纳入世界贸易网络之中，并成为众目睽睽的焦点所在"②。仅就该航线上的贸易商品来讲，西班牙大帆船多是自中国将丝织品、陶瓷运至拉丁美洲，然后再通过贸易的方式从拉丁美洲拉回大量白银。由于这条航线上的贸易船只需经由马尼拉这一港口中转，因而被称作"马尼拉大帆船贸易"。"西班牙人在菲律宾占据的马尼拉……在生产方面所做出的贡献，与东南亚其他地方相比，是微不足道的。但是它们提供了重要的转口贸易功能，尤其是在中国和日本的贸易中。仅从中国驶往马尼拉的商船每年就有30艘到50艘之间。"③ 这条航线的贸易额与商品利润都特别庞大，故自17世纪始，其商业规模亦日趋庞大。

总体而言，明中后期新兴海上贸易航线得以开拓与发展。其中，通往欧洲、拉丁美洲的航线极大地扩展了中外贸易交流的范围，以及海上贸易航线网络的完备程度。"从1553年到1640年的八十年间，广州在当时海上丝绸之路上充当主角，澳门担负欧、亚、非、美洲海上丝绸之路贸易航线中枢的角色。"④ "在东方，以中国为中心的西太平洋贸易网和以印度为中心的印度洋贸易网遥相辉映，各自为世界文明发展以及亚、非、欧政治经济与文化交

---

① 〔清〕张荫桓《三洲日记》卷五。
② 李庆、戚印平《晚明崖山与西方诸国的贸易港口之争》，《浙江大学学报》（人文社会科学版）2017年第3期，第20－30页。
③ 〔德〕贡德·弗兰克《白银资本——重视经济全球化中的东方》，刘北成译，中央编译出版社2008年版，第153页。
④ 黄启臣《海上丝路与广东古港》，中国评论学术出版社2006年版，第84页。

流做出了贡献。"随着欧洲人探索去往东方的贸易航路之后,东西方市场间的联系便继续增多。东亚与南亚的两大贸易中心,开始逐渐融入由殖民帝国逐步编织起来的世界性贸易网络当中。①

除了广州、澳门港以外,岭南地区的其他港口,诸如琼州港、雷州港、廉州港、潮州港、钦州港等,也逐步发展成区域性港口,其职能大多仅覆盖其职能范围内地区,少数情况下与其他重要的国内外贸易港口有贸易往来。清蓝鼎元的《潮州海防图说》曾对潮州港的情况进行叙述。

> 潮郡东南皆海也,左控闽漳,右临惠广……春夏之交,南风盛发,扬帆北上,经闽省,出烽火、流江,翱翔乎宁波、上海,然后穷尽山花岛,过黑水大洋,游弋登莱、关东、天津间,不过旬有五日耳。秋冬以后,北风劲烈,顺流南下,碣石、大鹏、香山、厓山、高雷、琼崖,三日可历遍也。外则占城、暹罗,一苇可杭,噶罗吧、吕宋、琉球,如在几席。东洋日本,不难扼其吭而捣其穴也。

很显然,潮州港等港口的繁荣与其所处地理环境是分不开的。在这一时期,这些港口拥有几个主要的特点。第一,港口的地理位置直接决定其贸易商品与贸易对象。第二,港口经济及其航海贸易的繁荣发展,对港口城市的建设及布局上的特化,起到了重要的反作用。第三,各港口的对外贸易,特别是丝织品贸易,促进了岭南地区丝织手工业规模的扩大,以及分工细化。第四,岭南地区区域性港口的繁荣,推动了广东侨商向东南亚等地的移民活动。第五,此时期岭海各港口的商品贸易交流活动之中,已蕴涵了文化互通与交融的因素。②

在明代初年,珠江三角洲、韩江三角洲及西江、北江、东江沿岸,社会生产发展增速,外贸农业与手工业也如雨后春笋般发展壮大,并且出现了一系列种植经济作物的产地与专业性农业区域。商品贸易的发展也促进了水上交通以及水路运输的发展,水运网络已具备相当可观的规模,专门化、专业化水运体系也逐渐演化出来。《论水运条件对明清时期湘潭经济的影响》一文中总结道:"水运条件主要包括以下两个方面:一是航道,没有航道便没有水运;二是港口,没有港口就无法停泊船只。便利的航道是水运活动的前

---

① 参见陈奉林《东方外交与古代西太平洋贸易网的兴衰》,《世界历史》2012年第6期,第35—50页。

② 参见黄启臣《海上丝路与广东古港》,广东人民出版社2006年版,第152—155页。

潮州广济桥

提，优良的港口是水运质量的保证。"① 珠江三角洲、韩江三角洲与泛珠江流域丰富的水上航道与数量繁多的内河港口，为内陆水运的发展提供了优越的先天条件。自明朝始，岭南对内贸易进入快速发展时期。此时雷州、钦州、廉州等地均可北上，也可经广州与西江各支流沿岸的府州码头相联系。海南岛一府三州亦可北上，与广东广西各府相互联系。各个府、州、县之间也有支路相联系。总之，岭南地区依靠江河网络，形成了以水上交通为主体的交通运输系统。

---

① 张超凡《论水运条件对明清时期湘潭经济的影响》，《湘南学院学报》2016 年第 4 期，第 38－41 页。

第五节 "一口通商"的格局与海上贸易

在明代的基础之上，清代广东海上贸易航线及贸易互惠国的地理范围进一步扩大，国家与地区的数量也进一步增多。明清政府有关丝绸等具体商品外销的管理制度性政策与宏观对外贸易政策也随之发生了变化。新的商品贸易制度，决定了未来的对外贸易发展轨迹。"实质上公行制度是中国外贸制度的一次重要转折，它的确立，为中国丝绸外贸走向近代化做好了准备。"①

鸦片战争之前的清代，由于奉行"一口通商"的政策与原则，广州对外贸易的全球性航线网络已彻底形成。广州已与欧洲、美洲、东亚、东南亚、南亚、非洲、大洋洲等地的国际性大港建立起常态性的贸易互通。其中，美国与中国、俄罗斯与中国的海上贸易航线，实际上正是于清代新开辟的。②另外，随着复界以及三藩的平定，岭南地区各主干与支线航道开始不断增辟，其中的渡口、桥梁与码头也得到了有效的整治。商贸集镇也循繁华的渡口、码头与驿道中转而逐步形成并壮大。清代时，广东主要的水运管理机构分别有粤海关、两广都转盐运使司、广东水师等，其职能的日常行使也逐渐趋于正常化。清政府在各内河要道与沿海口岸均设立了内河常关与粤海关征税机构。③

从总体上讲，相比前朝而言，清代岭南形成了更为成熟的、海上航线与陆江联运一体化的交通联系网络。通过这些网络，贸易运输向北可达湘、赣、巴蜀与江浙一带，甚至黄淮海地区。向西则可经桂抵黔、滇，往东则可深入闽地。而岭南地区内部，也已形成了以珠江干支流、陆上交通相连的通道。通过这些水、陆通道的相互联结，岭南地区内部及其与外界相联系的交通网络宏观格局已构建完备。而在对外贸易方面，"偌大的中国的对外贸易

---

① 刘永连《岭南海路与丝绸外销》，《丝绸》2005 年第 1 期，第 48 – 51 页。
② 参见朱江《扬州、海上丝绸之路与阿拉伯》，《阿拉伯世界》1992 年第 2 期，第 36 – 38 页；李金明《十六世纪后期至十七世纪初期中国与马尼拉的海上贸易》，《南洋问题研究》1989 年第 1 期，第 70 – 79 页。
③ 参见周修东《庵埠设关至汕头开埠期间的海关机构沿革》，《韩山师范学院学报》2015 年第 5 期，第 64 – 70 页。

主要集中在广州一口进行……使广东的对外贸易处于得天独厚的地位，进入高速发展的黄金时代。具体表现为：第一，海外贸易航线的增加……第二，对外贸易港口的扩大和贸易国家的增多……与此同时，广东商人也争相出洋贸易……第三，进出口贸易的商船大为增加。"①

清朝"禁海令"的颁布与撤销这一线索，将本时期内朝贡贸易、陆海交接境况、海关机构的设立与发展完备、新港口的开发与十三行的兴盛等诸多方面内容串在了一起。在特定的历史条件下，"中国的对外贸易出现了由以贡舶贸易为主转向以商舶贸易为主的重大过渡"，而这"也是广东洋行制度和商馆区建设的开始"②。清初之时，为了对付东南沿海南明政权等反清势力，朝廷先后五次颁布了禁海令（颁布时间分别为顺治十二年即1655年，顺治十三年即1656年，康熙元年即1662年，康熙四年即1665年，康熙十四年即1675年），严令禁止商民出海贸易。此外，中央又先后三次下达了"迁海令"，其主要内容为让沿海居民将其居所后撤至离海岸线数十里的地方。这项政令的目的主要是禁绝大陆对台湾反清势力的支援，却也在较大程度上阻碍了当时对外贸易的发展。"康熙二十二年（1683）平定台湾后，正式'展界'，允许'迁海'时被迫迁离者复归故土。康熙二十三年（1684）正式开海，准许人民出海贸易：'今海内一统，环宇宁谧，满汉人民相同一体，令出洋贸易，以彰富庶之治，得旨开海贸易'。随后设闽、粤、江、浙四海关并收关税。此次开海基本上是全方位开放，包括'东西两洋'和赴日贸易。"③康熙二十四年（1685），清廷设立了江、浙、闽、粤四大海关，以规范针对外贸事务的管理。其后，乾隆二十二年（1757）时，中央又宣布封闭浙、江、闽三处海关，"番商将来只许在广东收泊交易"。如是"一口通商"之景况一直持续了近一个世纪。这也对广州海上丝绸之路的持续发展起到了不容忽视的催化作用。此后，随着"中国皇后号"商船来华，中美间直接贸易亦告开启。到达广州港的美国人，会在原地设置商行，并收购中国商品。随着鸦片等商品的输入，清朝对美国贸易顺差的情况发生了逆转。而此间，"海上丝绸之路"也见证了两国借由贸易活动的文化交流的开展。④

---

① 黄启臣《海上丝路与广东古港》，广东人民出版社2006年版，第263—266页。
② 赵春晨、陈享冬《论清代广州十三行商馆区的兴起》，《清史研究》2011年第3期，第25—36页。
③ 刘军《明清时期"闭关锁国"问题赘述》，《财经问题研究》2012年第11期，第21—30页。
④ 参见黄启臣《清代海上丝绸之路的中美贸易——兼论广州"一口通商"的始发港地位》，《岭南文史》2014年第2期，第10—16页。

汕头南澳岛上的总兵府。据称郑成功曾在此招兵收复台湾。明清之际，南澳岛见证了抗倭抗清、禁海开海的变迁

在朝贡贸易方面，清初基本沿用了前朝的制度。具体而言，广州城郊西南向的怀远驿，至此仍旧是各国朝贡者所停泊的港口及驿站聚集地。它在广州海上丝绸之路中，特别是朝贡贸易当中，都发挥着不可替代的作用。此等朝贡贸易，清廷将其定为"三年一贡"，且对朝贡队伍的取道、队伍规模等方面进行了严格的限定。"康熙六年（1667）又覆准，暹罗朝贡，进贡船不许过三只，每船不许过百人，来京员役二十二名，其接贡、探贡船概不许放入。"① 会验贡物的仪式、贡使的礼数、贡使行程及所贡物资的上行下达等，亦均规定严格，例如乾隆六十年（1795）荷兰贡使抵广州后，将其行程尽数上报皇帝，其贡物数量与规格均有严格规定。②

康熙二十四年（1685）设立的粤海关，主要负责"稽查城外十三行及黄埔地方各国夷船进出口货物"。③ 除此之外，还在澳门设有行台，其主要职能在于稽查进入澳门的外国贸易商船。澳门作为正税总口，每年所征税银可占粤海关征税正额的三成有余。由此可以洞见其在广州对外贸易之中所占据的地位与所起到的作用。

---

① 转引自王巨新《清朝与缅甸、暹罗封贡关系比较研究》，《广州大学学报》（社会科学版），2010年第11期，第92-96页。原引文出自（康熙）《大清会典》第七十二卷。
② 原文资料来自〔清〕王彦威纂辑《清季外交史料》。
③ 杨国桢《洋商与澳门：广东十三行文书续探》，《中国社会经济史研究》2001年第2期，第43-53页。

  以澳门为夷人聚集重地，稽查进澳夷船往回贸易，盘诘奸宄出没，均关紧要，是以向设立旗员、防御两员；一驻大关总口，一驻澳门总口，每年请将军衙门选员前往，弹压一切关税事务。

  除大关、澳门两总口及分隶附省之十小口夷船货物，在在经由其黄埔、澳门两处均与洋行逼近，民夷交涉，最易藏奸，一切出入点验货物，及防范走私、短报各弊，有必需家丁驱遣往来，不能尽委之书役者。①

  学界对十三行的设立时间存在不小的争议，其焦点主要集中在"公行"与"十三行"这两个概念是否同一，以及孰先孰后的问题上。英国学者马士（H. B. Morse）认为公行创立的时间即为十三行的创立时间（康熙五十九年，即1720），这种观点无疑认为公行实际上就是十三行的别称。② 稻叶岩吉则在自己的学术论著中认为十三行成立于公行之后，并且直到乾隆二十五年（1760）左右，十三行方才逐渐变为"公行"。美国的亨德（William C. Hunter）、法国学者亨利·考迪埃（Henri Cordier）对此问题均有不同见解。③ 然而，梁嘉彬在其著作《广东十三行考》一书中，认为十三行出现的时间当在粤海关之前："粤海设关初年（1685），可确定已有十三行。"④ 相比其他学者，梁嘉彬所持观点的史料佐证显得更为扎实、充分。例如他引用了屈大均的一首《竹枝词》："洋船争出是官商，十字门开向二洋。五丝八丝广缎好，银钱堆满十三行。"这首竹枝词最晚开始流传于屈大均去世后一年，即康熙二十六年（1687），也间接证明了梁嘉彬本人所持观点。这一观点也得到了学界广泛认同，吴晗甚至将十三行成立的准确时间限定在了1682—1685年这一四年区间中。他的理由是："粤海关未设之前，外商到粤贸易，地方政府不能不组织一个特定团体来对付。"⑤ 因而，很可能这一团体正是前朝三十六行留下的十三洋行了。

  有关十三洋行设立之初衷，见诸《粤海关志》的记载：

---

① 引自《粤海关志》。
② 马士的观点参见《东印度公司对华贸易编年史：1635—1834》，广东人民出版社2016年版。
③ 转引自彭泽益《清代广东洋行制度的起源》，《历史研究》1957年第1期，第1-24页。
④ 梁嘉彬《广东十三行考》，广东人民出版社1999年版，第267页。
⑤ 北京市历史学会主编《吴晗史学论著选集》，人民出版社1986年版，第262、264页。

冯少协油画《明朝怀远驿》。明永乐四年（1406），在今广州西关十八甫路附近，设立怀远驿。怀远驿由专门管理海外贸易的官方机构"市舶司"管理。后为十三行夷馆所取代

> 国朝设关之初，番舶入市者，仅二十余柁，至则劳以牛酒，令牙行主之，沿明之习，命曰"十三行"。舶长曰大班，次曰二班，得居停十三行，余悉守舶，仍明代怀远驿旁建屋居番人制也。……即以明怀远驿旁建屋一百二十余间以居番人之遗制也。

之所以称之为十三行，是因为"从前共有十三家，在西关外开张料理各国夷商贸易，向称'十三行街'，至今由存其名。"如今广州荔湾区的十三行街，即为当时十三行之所在，且与怀远驿非常接近。两者相依而建，也正是为了给中外商品贸易与交流提供便捷。当时粤海关的一大职能，也正是监察十三洋行与外商之间的走私、偷税漏税等非法行为。据《粤海关志》记载，十三行商的职责，即为"凡外洋夷船到粤海关进口货物应纳税银，督令

受货洋行商人于夷船回帆时输纳。至外洋夷船出口货物应纳税银，洋行保商为夷商代置货物时随货扣清，先行完纳。"① 由此可见，十三洋行及其行商在清代广州中西贸易中扮演了相当重要的角色。"广州十三行作为清朝对外贸易的经济中心，一度成为清政府接受外国政治、经济、文化冲击和影响的门户，同时它也是海上丝绸之路上一个极其重要的中外商品交易集结地，在中国对外贸易史上占据着极为重要的地位。"② 当时洋商隐匿逃税之事虽亦屡禁不止，却也能从一个侧面体现出十三行在当时的繁华。

《粤海关志》

如上文所述，乾隆二十二年（1757）以前，江、浙、闽、粤四大海关共存。从彭泽益、黄启臣的研究中可得知，自雍正七年（1729）至乾隆二十一年（1756），粤海关的年贸易总额增长了44个百分点，较浙、闽海关更为迅猛。而若从关税总收入的角度来进行比较，除乾隆二十一年（1756）粤海关单比闽海关稍低以外，其他年份均将其余三个海关远远甩在身后。③ 此后，1757年，清政府为了维护岭南地区及周边领土的安全，关闭了其他三个海关，规定仅广州一口可以通商。这一政策使得广州十三行将清朝对外贸易垄断，也标志着其辉煌时期的开始。黄启臣先生提出，所谓的"只许在广东收泊交易"仅针对英、荷等国。"至于南洋地区的欧洲殖民地国家，仍许到闽、

---

① 以上引文内容均出自《粤海关志》，主要参考版本为广东人民出版社2014年版。
② 陈精精《浅析广州十三行》，《文史博览》（理论）2013年第3期，第23-25页。
③ 彭泽益《清初四榷关地点和贸易量的考察》，《社会科学战线》1984年第3期，第128-133页。

浙、江海关贸易。"① 1757年10月，闽浙总督杨应琚上本朝廷："臣奉谕旨赴浙，查办海关贸易事宜。伏查粤省现有洋行二十六家，遇有番人贸易，无不力图招致，办理维谨，并无嫌隙。惟番商希图避重就轻，收泊宁波，就近交易，便益良多。若不设法限制，势必渐皆舍粤趋浙。再四筹度，不便听其两省贸易。现议浙关税则，照粤关酌增，该番商无利可图，必归粤省，庶稽查较为严密。"除此之外，《东华续录》中也记载了类似的情况：

> 凡番船至广，即严饬行户，善为料理，并无于尔等不便处，此该商等所素知。……嗣后口岸定于广东，不得再赴浙省。此于粤民生计，并赣、韶等关，均有裨益，而浙省海防，亦得肃清。②

从上述材料可知，清朝宣布关闭江、浙、闽海关，此后全国的进出口贸易，便都集中在了广州，皆由广州口岸全权负责。另外，清政府还规定所有进出口货物及相关贸易事宜，均须由十三行负责办理。"广州制度下的公行在行商统一行动中一度起到了统一定价、垄断市场的作用，并为行商赚取了丰厚的垄断租金。"这一政策更是促进了广州十三行对中国对外贸易的排他性垄断。然而，由于公行制度本身存在较多的漏洞，并且无法从根本上制止违约与行外商人闯入市场。这种垄断地位在此后的年代里，开始逐步消失。③

清代与广东有贸易往来的国家，较明朝进一步增多。例如，欧洲的葡萄牙、西班牙、荷兰、英国、瑞典、丹麦、普鲁士、意大利、奥地利等国，以及美国、墨西哥、秘鲁、澳大利亚等国都与广州产生了直接的贸易往来。④除了俄国商队需跨越北方边陲，西班牙、葡萄牙商队往来澳门进行贸易之外，清朝与大多数国家的贸易都集中在广州。"清政府的外商政策充分体现了政府保护来华贸易的姿态。'绝大多数在广州住过的外商都一致声称，广州的生意几乎比世界一切其他地方都更方便好做'。"很显然，清政府对外商的政策，不仅使外国人从中获益，还极大地增加了海关收入，惠及沿海地区人民。⑤ 中国各地的物产也齐聚于此，各省富商巨贾均在此经营货栈，收入

---

① 黄启臣《清代前期海外贸易的发展》，《历史研究》1986年第4期，第151－170页。
② 引自〔清〕蒋良冀、王先谦、潘颐福纂，朱寿朋编纂《东华续录》。
③ 江争红、马陵合《清代"广东十三行"贸易制度下行商衰落原因探析——基于垄断租金的视角》，《贵州社会科学》2015年第9期，第144－151页。
④ 黄启臣《海上丝路与广东古港》，广东人民出版社2006年版，第266－271页。
⑤ 王丽英《简论清代前期的外商政策》，《惠州学院学报》（社会科学版）2006年第2期，第23－27页。

颇丰。当时我国出口的商品种类，主要还是茶叶、丝绸、土布、铜、糖为主。而论及他国输入中国的主要贸易商品，若单就总量而言，棉花及棉织品应占首位；若从贸易价值及贸易额上来看，鸦片则高居首位。这一时期，对外贸易主要集中在广州、潮州、惠州、徐闻、江门等港口城市，故该时期广东的对外贸易，在相当大的程度上代表了整个中国的对外贸易。①

---

① 有关鸦片战争以前，广州贸易总额，货值与出口商品总额的数据，参见郑友揆《中国的对外贸易和工业发展：1840—1948》，上海社会科学院出版社1984年版，第1-8页，特别是第6-7页的表1A从广州的出口商品。

第五章
岭南文化对南海丝路的孕育

纵观历史上南海海上丝绸之路的发展与沿革，其基本特点如下：从地理条件上讲，广东坐拥江河要道以及南海的诸多岛屿，是古代海上丝绸之路航线网络的重要节点，同时又是岭南与长江、黄河流域的陆路、水陆交通的重要枢纽，是陆上丝绸之路与南海丝路的汇合点；广东是中国古代对外贸易制度的试行点与引路人，该地区内包括广州、潮州、雷州、惠州、肇庆等地，作为海上丝绸之路的重要港口与贸易地点，可谓历史悠久，丰富多彩；广东地区的本土文化，在相当大的程度上孕育了该地区鲜明的海洋经济特色，本地居民多生活于江河沿岸与海边，形成了具有鲜明特征的个性群体；粤商团体的经商活动范围并不仅局限在国内货物的出口，还大量涉足国外贸易，在此推动之下，中外商品的交流日趋频繁；从海防功绩上讲，广东在明清时期是防范倭寇与其他海盗的前沿阵地，极大地保障了南海丝路的贸易与海上航行安全；广东是佛教、伊斯兰教、天主教、新教等东西方宗教自海上最先传入的区域。① 除此之外，中外使节均频繁往来于广东，本地区的华侨群体即中外人员交流的代表。

　　从中国传统社会的根本属性上讲，封建生产方式与封建大地主小农经济在历史上占据着绝对的支配性地位。而在社会文化形态上，一直以来，封建意识形态，特别是一家独尊的儒家文化思想，被社会认同为正统思想。在中国历史上，封建意识形态的一个重要特征与外在体现即内陆农业文化的压倒性优势，宏观对外政策上"闭关锁国"的基本倾向，以及自身循环式的发展轨迹。在传统农业文化的长期主导之下，中原统治者衡量政策的意识形态准绳，亦难脱此系，其最根本的国策乃是"重本抑末"，自给自足。而自清朝以来，对政府的海外贸易政策莫衷一是，也绝不能简单地以"开放"或"闭锁"来衡量。徐映奇在《清代闭关锁国政策新论》中指出："清廷从禁海走向开海，说明'海禁'并非对外关系的既定国策，'开海'才是它的一贯方针。海禁旨在孤立和封锁郑氏集团，不是着眼于禁止海外商人的来华，而是战时策略，即纯军事防御而非经济上的限制贸易措施。"② 当然，从整体上讲，对于海上贸易与文化交流，统治者更倾向于严令禁止，或将其纳入朝

---

①　韩强《岭海文化——海洋文化视野与"岭南文化"重新定位》，花城出版社2014年版，第316页。

②　徐映奇《清代闭关锁国政策新论》，《广州社会主义学院学报》2004年第1期，第65–69页。

贡体系，以朝贡贸易的方式进行。特别是在明朝，当海外贸易甚至以"朝贡"为名头的海上贸易开始向专制体制发起局部挑战时，"明朝政府一方面对内加强海禁政策，执行'寸板不许下海'之政策；另一方面对海外诸国来朝设市舶提举司，给予朝贡贸易制度上的保证。"① 这种情况自国家层面发生剧变，则要等到鸦片战争时。相比而言，岭南地区要整整早两百余年。自明朝中后期起，葡萄牙人便试图寻求与中国统治者之间的官方贸易往来。到了明清之交，西方早期殖民国家又以贸易、政治、军事与文化输入等多层次的手段挺进南海。以乾隆二十二年（1757）封闭江、浙、闽三海关，规定广州"一口通商"为标志，岭南地区开始了从海越文化融合期向中西文化碰撞期演进的变革过程。"一口通商"政策并非重新彻底"闭关自守"的体现。"清政府实行一口通商的目的之一是便于统一管理对外贸易，同时维护政治稳定，严防西方势力渗透，……目的之二是考虑社会稳定。……目的之三是国内统一市场体系的建立和完善，使大国经济对海外贸易依赖有限。"② 在时代特征与岭南文化固有特征的相互作用之下，岭南地区也开始由内陆文化为主的传统社会向海洋文化占有主导性地位的近代社会转变。

自古以来，岭南地区就是中国海外贸易的核心地带。正如梁启超所说："广东非徒重于世界，抑且重于国中矣。独惜卧榻之鼾，殷殷盈耳，覆巢之卵，咄咄困人，仰溯前尘，俯念来许，旁皇终夕，予欲无言。"③ 虽然在历史上，内陆农业文化长期在岭南地区占据主导地位，但南海丝路的兴盛繁荣，海上贸易为岭南地域乃至国家所带来的巨额利润，使得统治者不得不对岭南地区刮目相看。

岭南地区海洋文化独步于中华，可以追溯到先秦时期。当时楚国因踞有南越与南海，而"无求于晋"，并于后来成为诸国抗秦之主力。而秦始皇之所以要征服百越，诸多原因之一便在于此地之丰富物产。据《淮南子·人间训》记载："又利越之犀角、象齿、翡翠、珠玑，乃使尉屠睢发卒五十万，为五军，一军塞镡城之岭，一军守九疑之塞，一军处番禺之都，一军守南野之界，一军结余干之水。三年不解甲弛弩，使监禄无以转饷。又以卒凿渠而

---

① 徐桑奕《明清时期中央政权南海管制式微与海上丝绸之路的衰落》，《历史教学》（下半月刊）2014年第6期，第9-13页。
② 廖声丰《乾隆实施"一口通商"政策的原因——以清代前期海关税收的考察为中心》，《江西财经大学学报》2007年第3期，第89-94页。
③ 梁启超《世界史上广东之位置》，引自黄树森主编《广东九章——经典大家为广东说了什么》，广东人民出版社2006年版，第43页。

通粮道，以与越人战，杀西呕君译吁宋。"① 从秦始皇分兵的细节上看，当时广州已然是域外奇货齐聚之地，是与海外通商经由的绝无仅有的窗口。②

《史记·货殖列传》中，即已记载了秦汉时期国内著名的九个"都会"（即当时较大的都市），番禺名列其中："番禺亦其一都会也，珠玑、犀、玳瑁、果、布之凑。"③ 与之几乎同一时代的《汉书·地理志》中亦列举了相应的七大"都会"，番禺也名列其间。《汉书·地理志》记载道："处近海，多犀、象、毒冒（玳瑁）、珠玑、银、铜、果、布之凑，中国往商贾者多取富焉。番禺，其一都会也。"从上述史书相关记载中亦能看出，番禺之所以能成为秦汉时期国内屈指可数的都市与商贸重镇，主要归因于依靠南海丝绸之路的航海运输与海外贸易。时至汉代，岭南地区的徐闻港与合浦港已经成为中国与南洋地区各国贸易往来的通道与场所，是最繁荣的外贸前沿港。"在广西合浦县境内，考古工作者已经发掘了数百座汉墓，出土大量珍贵文物，有铜凤灯、铜屋、琉璃璧、琉璃杯、琥珀、玛瑙、水晶、陶器等，经考证其中琥珀雕成的狮子、青蛙及琉璃璧等属于舶来品，原产地在印度、欧洲、非洲等地。"在徐闻港与合浦港出土的大量考古文物，从侧面证明了两港在当时航运贸易中的重要地位。④ 唐代的《元和郡县志》记载："汉置左右候官，在徐闻南七里，积货物于此，备其所求，与交易有利。故谚曰：'欲拔贫，诣徐闻。'"可见其物流之盛，贸易之繁。而在东汉延熹年间，《后汉书·西域传》对大秦（当时的罗马帝国）与汉朝之间的往来细节亦有详细记载："至桓帝延熹九年（166），大秦王安敦遣使自日南徼外献象牙、犀角、玳瑁，始乃一通焉。"然而，罗马帝国一方的史料却并没有留下有关记载，故《后汉书》这一记载的真实性仍有待考证。不过，如果这一记载是真实的，那么这便是中国同欧洲国家之间直接友好往来的最早史料证据。⑤ 《南齐书·东南夷传》中亦有记载："藏山隐海，瑰宝溢目。商舶远届，委输南州，故交、广富实，牣积王府。充斥之事差微，声教之道可被。若夫用德以怀远，其在此乎？"⑥ 虽然该史书的文字中，显露出了对岭南地区及其居

---

① 《淮南子》第十八卷《人间训》。
② 韩强《岭海文化——海洋文化视野与"岭南文化"重新定位》，花城出版社 2014 年版，第 317 页。
③ 《史记》卷一百二十九《货殖列传》。
④ 李庆新《从考古发现看秦汉六朝时期的岭南与南海交通》，《史学月刊》2006 年第 10 期，第 10—17 页。
⑤ 许永璋《有关大秦国使者访华的几个问题》，《殷都学刊》1994 年第 3 期，第 27—32 页。
⑥ 〔南朝梁〕萧子显《南齐书》卷五十八《东南夷传》。

民的偏见，但也可见当时岭南物资之丰富。此外，《隋书》亦记载道："自岭已南二十余郡，大率土地下湿，皆多瘴厉，人尤夭折。南海、交趾，各一都会也，并所处近海，多犀象瑇瑁珠玑，奇异珍玮，故商贾至者，多取富焉。"① 从上述不同时代的有关记载中可以看出，在中原人的眼中，唐朝以前岭南地区，是一片人迹罕至、生存环境恶劣的荒芜之地，却因为广泛而频繁的对外贸易，将天地间奇珍物料尽收域中。这种对岭南地区"光景恶劣，物资富庶"的矛盾认识，折射出了当时中原对岭南地区认识的不尽到位，以及岭南地区繁华的海上贸易及其与之相平行的文化交流活动，着实走在了整个中华民族的前列。"一般而言，海外文化的进入，是物质文化在先，精神文化在后。"而这种文化交流活动的精华，亦集中体现在贸易互通与宗教文化传统等诸多方面。②

前文已述，唐代张九龄主持开凿的大庾岭道，极大地促进了岭南、岭北之间的文化交流与贸易往来，并将岭南地区的物质文化发展推向一个新的高峰。《开凿大庾岭路序》中，张九龄具体讲述了开拓大庾岭道的理由，其中重中之重乃是："而海外诸国，日以通商，齿革羽毛之殷，鱼盐蜃蛤之利，上足以备府库之用，下足以赡江淮之求。而越人绵力薄财，夫负妻载，劳亦久矣，不虞一朝而见恤者也。"③ 梁启超也称，在宋代之前"以广东之交通，而一国食其利"④。上述二人的观点可谓先后呼应。而张九龄所言"下足以赡江淮之求"也从侧面说明了当时江淮地区的海洋贸易仍不甚发达，地域的海外物资需求主要还是靠岭南地区满足。另外，有关唐代广州海运贸易盛况的描述，日本的真人元开在其《唐大和上东征传》中描绘道："江中有婆罗门、波斯、昆仑等舶，不知其数，并载香药珍宝，积载如山，舶深六七丈。狮子国、大石国、骨唐国、白蛮、赤蛮等往来居住。种类极多。"⑤ 上述的狮子国为斯里兰卡的古称；大石即大食，是中国唐宋时期对阿拉伯人、阿拉伯帝国的专称以及对伊朗语地区穆斯林的泛称；骨唐国位置不详，大抵在今吕宋岛或苏门答腊岛；白蛮泛指欧洲人；赤蛮泛指非洲人。

唐末黄巢盘踞广州之时，曾提出不再造反的交换条件是让自己做广州节

---

① 〔唐〕魏征《隋书》卷三十一《地理下》。
② 参见韩强《岭海文化——海洋文化视野与"岭南文化"重新定位》，花城出版社2014年版，第322页。
③ 仇江编《岭南历代文选》，广东人民出版社2011年版，第16页。
④ 引自〔唐〕张九龄《开凿大庾岭路序》，见黄树森主编《广东九章——经典大家为广东说了什么》，广东人民出版社2006年版，第37页。
⑤ 《唐大和上东征传》卷一。

度使，却未得到批准。其原因是："南海市舶利不赀，贼得益富，而国用屈。"①《资治通鉴》中也记载了左仆射于琮对此事的评论："左仆射于琮以为：'广州市舶宝货所聚，岂可令贼得之！'亦不许，乃议别除官。六月，宰相请除巢府率，从之。"② 由上述史实可鉴，南海丝路以及广州通过对外贸易所获利润，已经成为大唐帝国的一笔相当可观的收入。既然海外贸易的经济利润优势如此明显，而内地显然又存在切实的物资与金钱上的需求，那么该历史时期之中，岭南与内陆之间交通的迅速畅通，也就不难理解了。从广州北上的交通运输线路主要有三条，其中之一便是从广州出发，翻越大庾岭后，最终抵达东都洛阳。该线路的轨迹贯穿了唐朝经济最发达的南方的大片区域，可谓南北交通的主动脉。而由这条线路中的江州折入长江，便可通过水路、陆路的混合线路抵达长安。③ 而自安史之乱以后："时史朝义方围宋州，又南陷申州，淮河道绝，遂取江路而上，抵商山入关。"东南漕运的该条线路此后变得日益重要起来。④

从诸多有关记载中可得知，自安史之乱之后，岭南海洋交通与贸易还是受到了相当大的影响。不过从五代十国时期开始，岭南海外贸易又迎来了新一轮的复苏。这之中南汉、闽、吴越等分别立国，显然起到了重要的推助作用。而自唐中后期、五代始，负责新罗、渤海等东亚国家使节的接待与外教事宜的押新罗渤海两蕃使，在海上丝绸之路的繁荣过程中，亦有着非凡的意义。⑤ 这一时期，各国纷纷开展起具备自身特色的富有活力的海洋贸易。其中刘氏的南汉国地域范围基本囊括了整个岭南，可谓近水楼台，其海外贸易发展不仅拥有坚实的地域性基础，又具备良好的发展前景。五代时期国家得以富强的重要因素之一，便是发达的海外贸易。而这正得益于唐朝中后期海上丝绸之路蓬勃发展的基础。唐中后期"朝贡贸易"的昌盛与设置押新罗渤海两蕃使，均为此后历朝历代的海上贸易发展打下了坚实的基础。⑥ 南汉高祖刘龑在位之时，外贸日盛，"犀象、珠玉、翠、玳、果布之富，甲于天

---

① 〔宋〕欧阳修等《新唐书》卷二百二十五《黄巢列传》。
② 〔宋〕司马光《资治通鉴》卷二百五十三。
③ 《全唐文》卷六百三十八。
④ 〔宋〕李昉等《太平广记》卷四百四《肃宗朝八宝》，中华书局1961年版。
⑤ 刘凤鸣《押新罗渤海两蕃使与东方海上丝绸之路的繁荣》，《鲁东大学学报》（哲学社会科学版）2010年第5期，第39-42页。
⑥ 刘凤鸣《唐中后期东方海上丝绸之路繁荣原因探析》，《中国高校社会科学》2015年第6期，第73-85页。

下"①。这也正归功于他"笼海商得法"。外贸的结果,使南汉获得丰厚的利益,"内足自富,外足抗中国",且国之气号乃称"富强"。

自宋代开始,朝廷更加注重海外贸易,并一度实施"通商惠工"的政策,制定一系列配套的针对外商的优商优待政策。岭南地区的海外贸易,无论是从贸易额上,还是从商品结构、外贸国家的数量上,都得以迅速发展。"作为通商港口和外商聚居地,广州同时成了中外文化交流的橱窗。"技术与文字史料的西传,外文资料与奇珍异物的传入,都屡见不鲜。② 在上述因素的推动下,广东二十一州、郡的商税额,仅在11世纪50年代到70年代之间,就增长了约260%,在全国商税中所占百分比也自1.21%上升至3.94%。③ 宋代还先后在广州、泉州、杭州、明州设立市舶司,其间各有盛衰,却基本不能打破"唯广最盛"的基本格局。④ 唯一的例外出现在南宋末年,由于朝廷南迁的影响,泉州开始崛起,广州方暂时性地让位,为期较短。纵观整个宋代,广州的海外贸易在中国仍旧起着稳固的引领作用,并长期处于核心地位,与超过50个国家发展出了通商,甚至政治层面上的联系。"市舶者,其利不赀,榷金山珠海,天子南库也,百蛮之赆,五天之珍,每岁山积。"⑤ 可见其财政贡献的举足轻重。此后,元代与广州之间有贸易关系的国家及地区更是翻了一番还多。虽然元代广州的外贸地位而居泉州之后,却仍旧是第二大港口城市,被誉为"天子外府"。

明代的广州又重新回到了中国"最重要的对外贸易口岸"的位置,对广州外贸优势的记载简直数不胜数。嘉靖年间(1522—1566),林富上疏请求恢复广州的贡舶贸易时曾说:"广东旧称富庶,良以此耳。"《广东通志》卷二十黄佐称广东鱼米价格本贱,又有番舶贸易之利,容易赚钱。⑥时至嘉靖二年(1523),朝廷下令罢撤福建、浙江两市舶司。广州作为全国唯一的市舶贸易口岸,瞬间占据了垄断性地位。⑦ 更为重要的是,日益发达的海外贸易促进了岭南地区资本主义萌芽的产生。岭南地区农业商品化的现象在当时

---

① 《南汉书》卷十《黄损传》。
② 蒋祖缘、方志钦《简明广东史》,广东人民出版社2006年版,第158-161页。
③ 《宋会要辑稿·食货》。
④ 有关南宋市舶司的建立过程及主要职能,可参阅柳平生、葛金芳《南宋市舶司的建置沿革及其职能考述》,《浙江学刊》2014年第2期,第20-31页。此处亦参考了该文章对此问题的详述。
⑤ 〔宋〕叶廷珪《海录碎事》卷十二《市舶门》。
⑥ 〔明〕郭棐《广东通志》卷二十。
⑦ 王宏星《唐至北宋明州港南下航路与贸易》,中国中外关系史学会、浙江日本文化研究所、宁波市文化广电新闻出版局《宁波与"海上丝绸之路"国际学术研讨会论文集》,2005年,第5页。

举国之间，可谓绝无仅有，而商品性作物生产的集中化、多元化与商业化又进一步促进了手工业的迅速发展。在市场机制与资本主义萌芽生产关系的双重刺激之下，对外商品贸易的供给端已产生了出口导向的调控机制。广东江门、石龙（今东莞市石龙镇）、新塘（今隶属广州市增城区）等新兴外贸港口城镇迅速崛起。明代朝廷一直对广东有着政策性的偏好，其原因不全是在于朝廷的海洋意识。事实上，明代朝廷的海洋意识仍旧相当匮乏，但广东海外贸易所带来的巨大财富，却为朝廷的军事、政治统治提供了有力的经济支持。①

广州古城图

多默·皮列士是葡萄牙派往中国的第一个传教士。在《东方志：从红海到中国》一书中，皮列士称广州是交趾支那到中国沿海的"贸易中心"，

---

① 王薇、林杰《论中朝两国间最早的谈判贸易——兼及明惠帝的对朝政策》，《天津师范大学学报》（社会科学版）2003年第2期，第23—27页。

"是全中国无论陆路还是海路大批商品装卸之地","是中国的码头"。① 当时到过广州的其他外国人,例如,1534 年皮列士使团中为数极少的幸存者之一克里斯托旺·维埃拉(Cristóvão Vieira)在发自广州监狱的信中盛赞广东是中国最好的省区之一,这里拥有"不计其数的稻米和其他食粮,全国的商品都汇集在这里进行交易,因为它毗邻大海,别国的商品也运到这里来贸易"。这里的土地是"世上最富饶的,世间的一切业绩都是在广东的地盘上创造出来的。毫无疑问,广东省享有比印度省更大的盛誉"。②

明清时广州城南的景象,在史书中也有着一番令人神往的记载:"背城旧有平康十里,南临濠水,朱楼画榭,连属不断。……隔岸有百货之肆,五都之市,天下商贾聚焉。屋后多有飞桥跨水,可达曲中。"③ 屈大均在其《广东新语》之中,对此时此地之繁富昌华也是大书特书:"……是地名濠畔街,当盛平时,香珠犀象如山,花鸟如海,番夷辐辏,日费数千万金,饮食之盛,歌舞之多,过于秦淮数倍。"④ 清康熙开放海禁之时,广东全境"富家巨室争造货船,游手惰民竞充贩客。"⑤ 粤商集团随之迅速膨胀。而在乾隆二十二年(1757),广州"一口通商"之后,广州的本地货船、外国商船与商馆的增加速率更快。至此,经过古代中国两千余年的发展,岭南地区的对外贸易地位已无其他地域能及。

---

① 〔葡〕多默·皮列士《东方志:从红海到中国》,何高济译,中国人民大学出版社 2012 年版,第 6、14 页。
② 李庆新《濒海之地——南海贸易与中外关系史研究》,中华书局 2010 年版,第 211-212 页。
③ 左鹏军《屈大均〈广东新语〉的诗性精神与文化寄托》,《华南师范大学学报》(社会科学版),2016 年第 5 期,第 157-162 页。
④ 〔清〕屈大均《广东新语》卷十七《濠畔朱楼》。
⑤ 〔清〕吴震方《岭南杂记》卷上。

第六章
南海丝路与中外物质文化交流

从总体上讲，岭南人开拓的海上丝绸之路，绝不仅仅是一条打通东西方贸易桥梁的经济之路，更是一条促进东西方文化传播的文化航路。南海丝路不仅成就了广州这一举世瞩目的全球贸易港口，同时也成就了中国古代海洋文化大国的坚实地位。① 历代以来，岭南地区作为中外文化交流的前沿阵地，对于古代与近代中华文化发展及建设的重要意义，远不仅仅体现于文化精华面向世界的输出之上，更表现为世界对于岭南文化的广泛认同以及世界文化自珠江口输入，并向五岭以北的沿海地域及内陆地区的传播过程。② 通过岭南地区这一中西文化交流的平台与窗口，西方外来文化终于传播至中原等地，并在很大程度上促进了内陆文化的新一轮发展。自此，内陆文化闭门造车的内循环状态，方自根源上开始发生转变，而这不仅有利于华夏内陆文化向现代文明挺进，还促进了西方文化对华夏中原文化的吸纳与发扬。无论是古代还是近现代的中国，岭南文化其本身的文化核心价值体系及其海洋文化等鲜明特色，对内陆以及海外都有着不容忽视的辐射作用。③

---

① 韩强《岭海文化——海洋文化视野与"岭南文化"重新定位》，花城出版社2014年版，第321页。
② 韩强《世界视野中的岭海》，《岭南文史》2010年第4期，第8-14页。
③ 有关岭南文化中海洋性特质与岭南文化自身价值体系之间的关系，本书详细参考了李权时、李明华、韩强主编《岭南文化》（修订本），广东人民出版社2010年版，第3-18页。

第一节　经由海上丝绸之路物质文化、科技文化的交流

在物质文化的引进方面，岭南地区可谓身先士卒。正如我们所知，早在西汉以前的先秦时期，徐闻港与合浦港已获得了相当程度的开发。通过这一海上运输的媒介，来自域外的被内地人视为奇珍异宝的珠玑、犀角、象齿等物得以运至内地，而中国的，特别是岭南地区的物产，包括葛布、草药、陶器等，也得以远销南洋，甚至世界更远的角落。唐代的岭南商业文化呈现出史无前例的繁荣之势，其地域特色鲜明。"与内地相比，唐代岭南的市场形式极为灵活多样。……唐代岭南对外贸易活动频繁而规模宏大，政府在对外贸易管理上又首创'市舶'制度，全面刷新了岭南商业经营与管理的历史记录，使得岭南成为全国对外贸易的超级中心。"① 萧子显《南齐书·东南夷列传》说："四方珍怪，莫此为先，藏山隐海，瑰宝溢目。商舶远届，委输南州，故交（州）、广（州）富实，牣积王府。"② 这段话对当时南海丝路对外来物品的输入情况做出了很好的概括。有关我国南越王墓等地出土的诸多考古学证据，前文已述，此不赘。从另一个角度去探究，古罗马科学家普林尼所编著的《自然史》中曾记载，到罗马恺撒时代，中国和罗马之间频繁地通过斯里兰卡这一中转地进

老普林尼

---

① 昌庆志《文学视野下的唐代岭南商业文化》，《柳州师专学报》2005 年第 2 期，第 26—29 页。
② 〔南朝梁〕萧子显《南齐书》卷五十八《东南夷列传》。

行间接的商贸往来。当时的斯里兰卡岛上有姓拉彻斯的一行四人自海上航线出使罗马,并向罗马贵族介绍其父眼中的中国之种种。《自然史》还介绍古罗马贵族为了得到珍珠,"投江海不测之深,以捞珍珠"。为了得到来自东方的优质珍珠,"仅珍珠一项,每年就要耗费罗马帝国一亿银币"。罗马人自己打捞的珍珠,则远赴"赛里斯国(Seres,又译作'丝国',是战国至东汉时期古希腊和古罗马地理学家、历史学家对与丝绸相关的国家和民族的称呼,一般认为指当时中国或中国附近的地区)"换取丝绸制品与其他对于罗马人来说珍稀的物资。"据最低之计算,吾国之金钱,每年流入印度、赛里斯及阿拉伯半岛三地者,不下一万万赛斯透司(当时的货币),此即吾国男子及妇女奢侈之酬价也。"根据上述信息,普林尼将中欧文化交往的最早时期,推至汉武时期。①

一、新农作物品种自海外传入

一般而言,汉唐时期传入我国的外域农作物"大多原产于西亚,也有部分源于地中海沿岸、非洲或者印度"。而"明朝之后,农作物引进主要通过'海上丝绸之路'的商贸和'走私'途径"。②

我国现有的农作物中(可规范化量产的大田作物、蔬果等),约四十余种来自国外。而此中超过一半的种类是经由海上丝绸之路传入我国的。这些作物种类的传入,极大地丰富了我国作物种类及农业作物生态的多样性,并对我国农业生产与国民经济的发展起到了举足轻重的推动作用。正因为外域油料作物良好的生态适应性,且与本地作物的种植制度较为一致,外加其经济效益相比传统油料作物更高,于是在传入我国后得到了相当程度的推广与种植。③

自中唐以后,唐王朝与西域之间的贸易通道,即"陆上丝绸之路"受到了严重阻碍,中国与外国商人及贸易商船船队开始转向自汉代以来逐步开辟的海上贸易通道,即"海上丝绸之路"。该海路在唐代时自广州经由东南亚与印度洋地区,到达波斯湾末罗国(今巴士拉),后继续向西北航行到达缚达(今巴格达)。除陆上交通阻断的因素以外,中唐以后,北方战乱,农业

---

① [古罗马]普林尼《自然史》,译文见张星烺编注,朱杰勤校订《中西交通史料汇编》第一册,中华书局2003年版,第122页。
② 韩天琪《从丝绸之路传来的农作物》,《决策与信息》2015年第12期,第73—74页。
③ 刘启振、张小玉、王思明《丝绸之路引种中国的油料作物及其传播动因》,《中国野生植物资源》2017年第1期,第1—3页。

生产生活遭到空前的破坏。经济中心的南移，已成为不可逆转之趋势。这在东南沿海地带尤其如此。另外新罗民间贸易因政治动因的勃兴，也在一定程度上起到了推动性作用。"新罗的贵族势力膨胀，王权受到影响；日本发生政治动乱，律令国家体制衰弱，导致原本友好的朝贡贸易受到阻拦，取而代之的是民间贸易的兴盛。"① 我国沿海城市获得了开发，诸如广州、泉州、明州、杭州、扬州等新兴海缘商业城市开始出现。这为"海上丝绸之路"的形成与发展创造了良好的客观条件。这种沿海城市繁荣所引发的农业交流优势，在明代以后得到了更为长足的体现。②

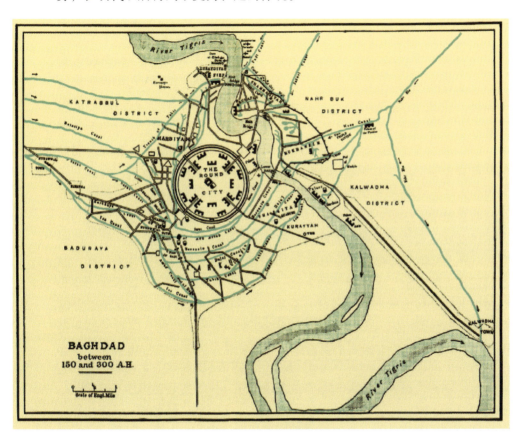

巴格达古城地图

---

① 李海英《张保皋商团与9世纪东亚海上丝绸之路——以〈入唐求法巡礼行记〉为例》，《哈尔滨学院学报》2016年第4期，第120-126页。

② 陈平平《郑和下西洋与明代中外农业交流的发展》，《南京晓庄学院学报》2007年第4期，第65-69页。

于是自中唐始，国外农作物大多是通过"海上丝绸之路"引入的。宋元时期引入的作物主要包含以下几种：

（1）占城稻，产自占城国（今越南湄公河以南，越南中南部地区）。宋代时已引入我国福建省，具体引入年代不详。相传宋真宗大中祥符四年（1011），江浙大旱，水稻失收，宋真宗下令自福建取占城稻种三万斛，分给江淮等地区种植，可用来抵御旱灾。

（2）胡萝卜，原产于西亚，其大量引入时间正处这一时期。史家一般认为胡萝卜是元代自伊朗传入的。《本草纲目》当中即有记载："元时始自胡地来，气味微似萝卜，故名。"实际上我国宋代已有，不过从何地经由哪条航路运入我国，史料记载有所阙漏，至今仍很难考证。

（3）凉薯，又名土瓜，学名为豆薯（Pachyrhizus Erosus），原产地为美洲，后经西班牙商人传入菲律宾。它是一种既能作为水果又能当作蔬菜的两性作物，自宋代已传入我国。史家猜测其传入途径很可能是自新罗传入福建省。

（4）南瓜，又称为番瓜、饭瓜，原产地为中美洲与南美洲。元末明初贾铭《饮食须知》中即有记载："南瓜，味甘，性温，多食发脚气、黄疸。同羊肉食，令人气壅。忌与猪肝、赤豆、荞麦面同食。"这也从侧面证明了南瓜作为食用作物已于元代引入中国。①

1492年，哥伦布发现新大陆，打破了美洲与世界其他地区之间的地理壁垒。自此之后美洲特有的一系列农作物品种便开始逐步向世界各地传播。据史料记载，西班牙人在16世纪末期于菲律宾建立殖民地时，菲律宾已经开始种植多种美洲与欧洲的农作物。此后，这些农作物品种又经由菲律宾与"南海丝绸之路"传至南洋各地，进而于明清时期传入我国。明清时期，我国所种植海外作物种类的一个重要特点，即采用大量欧美农作物品种。当时引入的农作物包括：

（1）番薯，原产自拉丁美洲，于明代万历年间（1573—1620）开始传入我国。番薯传入我国的途径主要有三条，分别是自菲律宾传入福建、自越南传入电白、自文莱传入中国台湾。

（2）玉米，原产自美洲墨西哥、秘鲁等国家。我国古书中一般称之为番麦、西天麦、玉麦。事实上，玉米传入我国的时点早于哥伦布发现新大陆，

---

① 有关自陆上丝绸之路与海上丝绸之路传入的农作物物种情况，详见刘启振、王思明《陆上丝绸之路传入中国的域外农作物》，《中国野生植物资源》2016年第6期，第5—11页。

具体说还应早于1476年，传入途径可能是自西南部传入中国。不过玉米究竟是通过何种具体途径传入中国的，至今尚无定论，有待进一步展开研究。

（3）烟草，原产自南美，传入我国时古书上称之为"淡巴菰"，实为印第安语烟草的音译。直到明末清初，我国才改称其为烟草，明末方以智的《物理小识》一书中有较为详细的记载。烟草传入我国的途径主要分为自南向北与自北向南两路，其中之一即自菲律宾传入闽、粤二省，另一则是自朝鲜传入我国东北。

（4）陆地棉，是我国自美国引入的一种新的棉种。事实上，我国很早就已引入棉花，但其纤维较短，不利于后续纺纱织布与精加工等工序。陆地棉则是一种长绒棉，且至今我国还在广泛种植。陆地棉自美国引入我国的具体时间应为同治四年（1865），引入地点为上海。

除上述作物之外，从美国或美洲引入我国的农作物还包括花生、马铃薯、辣椒、番茄、结球甘蓝（又名卷心菜、包菜等）、花菜、洋葱、杧果、苹果、番荔枝、菠萝、番木瓜、向日葵等。海外作物的传入与其在我国农业生产当中的应用，意义是非同一般的。它们不仅极大地丰富了我国农作物的种类，还对我国农业生产的方方面面产生了深远的影响。①

首先，大量油料作物的引入，为我国的植物油生产提供了相当重要的农作物原料。汉代以前，我国所利用的食用油脂仅限动物脂肪，且不会生产植物油，其中的重要原因很可能是未能找到一种含油量相对较高的植物。起初，芝麻传入我国之后便成为一种相对理想的油料作物。"（芝麻）原产非洲，现在主要分布在黄河及长江中下游各省，其中河南产量最多。"② 而芝麻传入后不久，成规模的植物油生产便出现了。此后向日葵与花生的传入又为我国植物油生产行业贡献了更为理想的油料作物。至今，我国主要的油料作物主要有4种，即芝麻、油菜、花生与大豆，其中一半都是海外作物。"域外油料作物在中国成功引入扩种后，完好契合了当地原有的种植制度，单作、间作、混作、套作均可，大大丰富了中国传统农作制内容。"可见其在我国植物油料生产中不可替代的地位。③

---

① 有关海外作物的传入，对我国农业生产结构、生产模式等方面的影响，可详见闵宗殿《海外农作物的传入和对我国农业生产的影响》，《古今农业》1991年第1期，第1—11页。
② 刘启振、王思明《陆上丝绸之路传入中国的域外农作物》，《中国野生植物资源》2016年第6期。
③ 刘启振、张小玉、王思明《丝绸之路引种中国的油料作物及其传播动因》，《中国野生植物资源》2017年第1期，第1—3页。

其次，我国主要的衣着原料也随着外域农作物的引入发生了革命性的变化。在引入相关的外域作物之前，我国广泛使用的衣着原料主要是丝、麻、葛、毛四类。当时所使用的布料，亦与今天不同，并非棉布，而是麻布。自汉朝起，棉花开始传入我国边疆。一开始，棉花的传入并未对中原地区的衣着原料结构产生明显的影响。至宋元时期，棉花开始自边疆沿南北两路传入中原。相比我国传统衣着原料作物而言，棉花生产与加工上的诸多优点，使得中原地区以丝麻为主要成衣原料的基本状况逐步被打破，且很快为棉所取代。

另外，在明代以前，我国的嗜好作物只有茶叶一种。明代末年烟草的传入丰富了我国嗜好作物的种类。传入之初，人们只将烟草用来御寒，或用作辟诡邪之气的药物。至清初，烟草逐渐开始被用作兴奋剂与消遣物。吸烟人群大量增加，吸烟的坏风气也在社会中传播开来。清朝中期始，我国人口众多，耕地偏少、粮食不足的矛盾已相当严重。"烟粮争地"的现象，亦进一步加深了粮食缺乏的矛盾。而这与欧洲近代早期海上贸易者的利益诉求不谋而合。"西欧国家率先建立早期近代世界贸易网络，在世界贸易中占据主动和优势地位，利用这种地位从亚洲进口商品，而且通过罪恶的黑奴贸易，把大量非洲劳动力输往美洲，使美洲成为欧洲重要的产品和商品生产地。"及至大量烟草商品输入我国时，大批白银早已流入了西班牙商人手中。①

二、"四大发明"等科技的对外传播

以广州为起点的"海上丝绸之路"，是中国科技文化向海外传播的必经之路。印度是最早与中国产生文化交流的国家之一。李约瑟《中国科学技术史》第一卷第二分册中曾提及，中国数学对印度数学的影响是不容置疑的。②赵君卿于公元2世纪注释《周易》的过程中，运用到毕达哥拉斯定理（即勾股定理）的论证过程。而这一内容在印度数学家巴斯卡拉（Bhaskara）的著作中再次出现（大约为公元1150年）。公元1世纪，《九章算术》中的"割圆术"③（即通过多边形无限近似于圆获得圆周率精确值并进而算得圆的面

---

① 施诚《早期近代世界贸易的主要商品及财富流向》，《史学集刊》2016年第2期，第72-88页。
② [英] 李约瑟《中国科学技术史》第一卷（全六卷），刘巍译，科学出版社、上海古籍出版社2003年版，第72页。
③ 有关刘徽割圆术的相关证明过程，可参见王乃信、王树林《关于刘徽的割圆术》，《西北农业大学学报》1997年第4期，第99-103页。文章中对刘徽"割圆术"本身未尝精确地将多边形近似为圆的原因亦进行了阐释。

积的最精确方法),同样出现于公元9世纪大雄的数学著作当中。此后,沈括在《梦溪笔谈》中,系统地运用了勾股定理,"创立了在天文学方面发挥重要作用的'会圆术'。"① 虽然《中国科学技术史》一书中并没有详细谈到这一系列传播交流活动所经由的途径,但是很显然,这些科技文化的传播,势必与海外贸易与文化交往密切相关。

除印度以外,中国与阿拉伯国家之间亦通过经由"南海丝绸之路"的海运及常态化的海上贸易,进行各领域文化的频繁交流。唐宋时期广州的"蕃坊"中居住有大量的阿拉伯侨民。"蕃坊中的外域商人以蕃客身份进入中国,历经唐宋时期,以蕃坊为居留地,在与汉文化的接触和交流过程中开始了在中国留居、落户、生根、结果的历史进程。"中国的文化与科技成就,很可能正是通过蕃坊中的外域商人传播到阿拉伯世界的。②

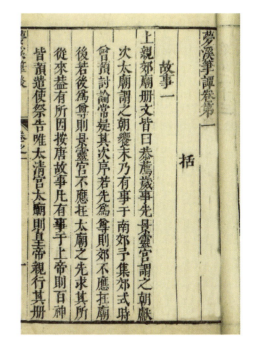

沈括《梦溪笔谈》

相比较早地发生文化交流的印度与阿拉伯国家,中国文化、科技成就对东南亚国家的影响力则更为巨大。东南亚与中国在地理上特别接近,东南亚国家亦都慕名而来朝贡,并学习中国先进的科技与文化。这种科技与文化的交流与学习,更多情况下是自发性的。"在越南,中原的铁制农具、牛耕和手工技术、吊转盘制陶技术、养蚕缫丝技术等很早就传入越南北方。越南的印刷术,也是从中国传去的。"③ 今天的柬埔寨马德望与湄公河之间三角洲与

---

① 林富堂《中国古代勾股定理研究的成就》,《铁道师院学报》1994年第1期,第52-54页、第56-58页。

② 白建灵《唐宋时期穆斯林蕃坊的性质、特点及演变》,《回族研究》2015年第1期,第47-53页。

③ 贺圣达《海上丝绸之路与中国的对外文化交流——以中国与东南亚的文化交流为例》,《东南亚南亚研究》2016年第2期,第66-73页。

冲积平原地带发现有大量青铜器，证明古代扶南国拥有的青铜文化实引自我国南部与越南北部地区。而后马来西亚的青铜文化，又大都引自扶南国。苏门答腊岛上出土的陶器中，有一个灰陶质地的三角鼎，其底部刻有公元前45年的汉代年号（即汉高宗元帝时期，公元前48年至公元前33年）。这些陶制器皿的出土，表明苏门答腊、爪哇等岛居民的生活，自汉代开始已深受我国风俗习惯的影响。

隋大业三年（607），派遣常骏、王君政等人出访赤土国。据史料记载，赤土国王对常骏说道："今是大国臣，非复赤土国矣。"当然，对这句话的解读，可以从多个角度着眼。但无论如何，这句话体现了赤土国对中华文化的倾慕及其愿吸收中国文化、依附臣服的意向。清代徐松《宋会要辑稿》中记载，元丰五年（1082），"三佛齐詹毕国主有'唐字书'寄广东转运副使孙迥"。这从侧面说明该国有通晓中国文字的人。元代周达观一行人出使真腊期间著有《真腊风土记》。① 其中记载，真腊借由"海上丝绸之路"，自海外输入包括丝绸、瓷器、陶器在内的25种物品。书中还记载，该国十二生肖与中国完全相同，只是叫法或称谓有所差异罢了。除此之外，暹罗也使用十二生肖。上述两个国家的风俗习惯，受中国影响很大。②

针对中国四大发明向西方的传播，马克思曾经说："四大发明的西渐是对中世纪封建生产关系的瓦解，是对已经萌芽的资本主义生产关系的促进。"马明中在《中国四大发明及其对世界历史的影响》一文中也写道："英国哲学家弗兰西斯·培根在他的著作《新工具》中指出，印刷术、火药、指南针"这三种发明已经在世界范围内把事物的全部面貌和情况都改变了：第一种是在学术方面，第二种是在战事方面，第三种是在航行方面。"③ 中国的四大发明为西方带去了近代航海技术发展的契机，攻破旧制度下封建骑士与贵族、领主堡垒的有力武器，记述近一千五百年来人类历史的万能工具。

中国的造纸术发明于公元2世纪，并于8世纪传入阿拉伯国家，并自此传至西方各地（于12世纪分别传至摩洛哥、西班牙，于13世纪传至意大利）。中国使用指南针航海可追溯到南宋初年（11世纪中叶）。朱彧所著《萍洲可谈》中记载道："舟师识地理，夜则观星，昼则观日，阴晦则观指

---

① 伍显军《论温州在"海上丝绸之路"史上的重要地位》，《福建文博》2013年第2期，第2—13页。
② 赵和曼《古代中国与柬埔寨的海上交通》，《历史研究》1985年第6期，第137—153页。
③ 马明中《中国四大发明及其对世界历史的影响》，《绥化师专学报》2001年第1期，第101—103页。

南针。"从广州、泉州港出航的远洋船舶，自11世纪末起，就会使用指南针进行导航了。紧接着，自12世纪开始，阿拉伯人在航海中也已学会使用罗盘。欧洲人将罗盘应用于航海中，实则得自阿拉伯人。他们对罗盘的应用，比起阿拉伯人来说，要晚整整三个世纪。就指南针传至阿拉伯人所经由的途径，李晋江给出了两种可能性："第一种可能性，是阿拉伯人在印度临换大船，乘坐安全可靠的中国船只过程中，逐渐了解中国船的设备、性能及指南针在航海中应用情况，从而把指南针传播到阿拉伯去。第二种可能性，是居住在泉州、广州等地的阿拉伯人，把指南针带回到阿拉伯去。"因此，很有可能是12世纪在广州蕃坊的阿拉伯人，将指南针予以广泛应用，进而传至欧洲大陆。①

宋代海船"南海一号"模型

---

① 李晋江《指南针、印刷术从海路向外西传初探》，《福建论坛》（文史哲版）1992年第6期，第64–68页。

中国印刷术发明于7世纪。早期的印刷品除各种佛像外，还有佛经读本。宋代庆历年间（1041—1048），毕昇发明了活字印刷术。印刷术西传的最初动力为纸币印刷。自13世纪始，西方开始使用活字印刷法印刷纸质钞票。此间，波斯成了东西方之间物质交流的重要通道。"在元代统治期间，中亚及欧洲各国商人对中国纸币都很感兴趣。"对印刷纸币的需求乃是活字印刷术传播的重要动力，而西方纸币的流行，也是活字印刷术传播并发挥应用性作用的必然结果。①

"火药"这一称谓，最早见于宋仁宗康定元年（1040）。不过中国最早懂得用火药制作兵器，应始于唐朝末年。火药中的硝（一般为硝酸盐）是西方火药出现前的一大瓶颈。13世纪中叶，硝自中国传到阿拉伯。而1325年阿拉伯人已学会制造火药武器。蒙元与回回人之间，彼此在火器上的相互学习与促进，更是将火药的运用推上了一个新的高度。② 此后不久，西班牙人与意大利人也学会了制造火药武器。

"如果站在人类文明交流互鉴的大时空来看中华文明对人类的贡献和影响，那'四大发明'显然不完全、也不足以代表全部。"但李约瑟博士所提出的"四大发明"概念，更侧重其传播的广泛性及对近代化的推动作用等。单从广泛性的角度上讲，跨大陆的海上贸易显然是一股强大的推动性力量。而技术的传播本身，即蕴涵了技术的应用。二者在很大程度上是不可分割的。细究其传播途径，中国的四大发明中，除罗盘经由"海上丝绸之路"直接向外传播之外，其他三大发明似乎都主要自"陆上丝绸之路"率先传至阿拉伯国家。不过这种科学技术、发明创造的对外传播，很难说与"海上丝绸之路"完全没有关系。自唐朝始，阿拉伯国家与中国之间的海上联系，相比陆上联系更为频繁。③ 自宋代以后，"陆上丝绸之路"已基本衰落，而"海上丝绸之路"则如日中天。而正如上述，四大发明多于宋代以后方传播至西方。唐高宗咸亨二年（671）高僧义净于广州起程，一路西行求经。归途中，他曾停留于室利佛逝，一停便是四年。为了翻译经书，他于永昌元年（689）回到广州取纸，并于同年返回室利佛逝。诸如此类的史料记载可证实，中国

---

① 张树栋《印刷术西传的背景、路线及来自欧洲人的记述》，《固原师专学报》1999年第1期，第53-58页。

② 刘晓军《蒙元时期回回人对中西科技交流的贡献》，《重庆科技学院学报》（社会科学版），2008年第5期，第153-154页。

③ 鲍志成《跨文化视域下丝绸之路的起源和历史贡献》，《丝绸》2016年第1期，第71-80页。

所造的纸也曾通过"海上丝绸之路"传播至东南亚、南亚甚至西亚一带。①除此之外，马可·波罗回程经由"海上丝绸之路"，其《马可·波罗行纪》亦被视作传播中国科学技术与发明创造的重要媒介。《马可·波罗行纪》一书中对中国纸币的介绍尤其详细。元代汪大渊《岛夷志略》中多次记载了元代中统钞在海外的流行情况。这些记载中的中统钞，即为中国海商（以广州、泉州等"南海丝绸之路"港口的海商为主）携带出国的货币。而诸多史料均对元代纸币与一些国家的货币所建立的兑换比率有所记载。"交趾（今越南北部）的铜钱'民间以六十七钱，折中统银一两，官用止七十为率。'"② 正因为如此，不能排除中国的活字印刷术经由"海上丝绸之路"向外传播的可能性。

经由"海上丝绸之路"向外域传播的科技发明，除四大发明以外，还有龙骨车（即翻本）、石碾以及应用于石碾的水利设施、水排、簸扬机、活塞风箱、平放织机、巢丝机、纺丝机、独轮车、磨车、弓弩、风筝、走马灯、弧形拱桥、铁索吊桥、河渠闸门、造船与航运方面的诸多发明，等等。这些科技发明中，有很多是在唐代传至外域的。"唐代的'丝绸之路'以长安为核心，把当时世界上最发达的几个主要文化地区，如南亚、西亚、北非和欧洲联系起来。不仅在物产上实现了互通有无，而且使几种文明互相交流碰撞。"③ 在这里我们需特别注意，唐代"陆上丝绸之路"逐渐没落，相比之下，对于北非、南亚、东南亚等地区而言，经由"海上丝绸之路"传播显然更具可行性。而大宗商品贸易所形成的大量经济利润，也能够对科学技术与发明的传播起到一定程度的易化与推动作用。

三、西方近代科学技术的传入

明末清初，伴随欧洲传教士在中国活动的日趋频繁，西方科技文化即得以初步在中国传播。于是，第一次中西文化交流的高潮应运而生。天文学方面，欧洲传教士带来并翻译了诸多西方天文历法与近代天文学推算的书籍，并引进、制造了一大批天文仪器，包括地球仪、天文望远镜，等等。"1600年前后，耶稣会士利玛窦，在肇庆、韶州、南昌、南京等地传教期间，经常

---

① 季羡林、王邦维《义净和他的〈南海寄归内法传〉》，《文献》1989年第1期，第164－178页。
② 匡裕从《试论元代的纸钞》，《文史哲》1980年第3期，第25－29页。
③ 贺茹、朱宏斌、刘英英《唐代丝绸之路中外文化交流的特点》，《运城学院学报》2015年第1期，第27－31页。

在他的住所展示天球仪、地球仪、星盘、象限仪、罗盘、日晷等天文仪器，并以此作为礼物送给当地政府官员。"① 受到新传入天文仪器、天文历算、天文著作的冲击与影响，汤若望在明末清初先后编成《崇祯历书》《时宪历》。《时宪历》即沿用至今的阴历。他后来还编著了《古今交食考》《恒星出没表》《浑天仪说》《〈崇祯历书〉约》等天文学著作。② 比利时传教士在清廷担任官职期间，曾主持设计并建造 6 件大型铜制天文仪器。其中包括天体仪、赤道经纬仪、黄道经纬仪、地本经仪、象限仪、纪限仪，安置于北京观象台。此后南怀仁将几个大型仪器的绘图与陈述，收录入《灵台仪象志》。另一位在介绍欧洲先进天文学说方面贡献不菲的传教士，是法国的蒋友仁。1761 年，蒋友仁手绘《坤舆全图》，并进呈乾隆皇帝。其《坤舆图说稿》的手抄本，由中国著名学者何国宗、钱大昕修校后刻印流传，并受到中国学者的广泛重视。"蒋友仁（Miehael Benoist，1715—1774）进增补坤舆全图及新制浑天仪，奉旨翻译图说，由中国学者何国宗、钱大昕详加润色，按坤舆全图的解说……合之即成全球。这样，大地之为球形终于在中国知识界取得了合法的地位。"《坤舆全图》所催生的，是对于中国人而言崭新的全球观，虽未能推动中国较早实现航海事业的近代化，却也在相当程度上促进了中华民族对世界的认知水平。其世界观的转变，在此后地图的绘制中，亦有所体现。③

　　数学方面，经过利玛窦与徐光启的共同翻译，欧几里得的《几何原本》中文版得以问世，标志着平面几何学作为数学的一种崭新逻辑思维方法体系，正式传入中国。此外，利玛窦还与李之藻共同翻译了《同文算指》。该著作是我国最早计算西方笔算运算法则的著作。该书将中西方基础算术学融合到一起，并得到普遍推广。崇祯七年（1634）编纂的《崇祯历书》当中亦介绍了大量西方数学计算方法与平面几何推算方法。

　　西方传教士大批来华之时，正值明朝末年。面对关外崛起且虎视眈眈的后金满族，国力颓败的大明帝国对西方先进火器颇有兴趣。葡萄牙人最早自澳门将西洋火炮运至北京。因葡萄牙人将西洋火炮称为"佛郎机"，故史料中又称其作"佛郎机炮"，也称"红衣大炮"。这些西洋火炮在抵抗满族人

---

① 樊军辉、葛彬、杨江河《浅谈明清传教士传播天文知识的贡献及其局限性》，《湖南文理学院学报》（社会科学版）2008 年第 4 期，第 89 - 92 页。
② 有关《〈崇祯历书〉约》与《崇祯历书》的一致性，可参见徐光台《方孔炤"〈崇祯历书〉约"来源新证》，《自然科学史研究》2010 年第 4 期，第 404 - 420 页。
③ 何哲《清代的西方传教士与中国文化》，《故宫博物院院刊》1983 年第 2 期，第 17 - 27 页。

侵的过程中发挥了重要作用。汤若望来华之后，曾奉皇帝之命，铸造火炮。他还口授《火攻挈要》，这是有关火炮制造与应用的专门性著作。事实上，清朝早在入关之前，便十分重视西洋火器。明清之际，"我国的火器技术理论方面，出现了一批系统总结和介绍西方火器技术的军事科学理论专著，如《大铳事宜》《神器谱》《利器图解》《西法神机》《火攻挈要》，等等"。随着火炮制造技术理论的逐步完善，清朝初年，西洋火器在平三藩、攻台湾的过程中发挥了巨大作用。南怀仁曾奉命制造神威大炮，并著有《神威图说》一书。①

随着清政府统治逐步趋于稳固，对于西方器物，统治者的兴趣渐而转向传教士们所带来的欧洲大陆工艺品，其中自动机器和钟表最受欢迎。法国传教士陆伯嘉于康熙朝时，专司钟表与其他精密机械器械的制造。另一位法国传教士杨自新曾亲手制作一只百步自行狮送予乾隆皇帝，其发条上紧后可行百步。但此时期，对西方的科学技术的观点，仍未脱离"对西方文明仍一概作为'饥不可食，寒不可衣'的'奇技淫巧'"的短浅目光。更多富含西方科学技术的物件，仅成为统治者把玩的"稀奇玩意儿"。②

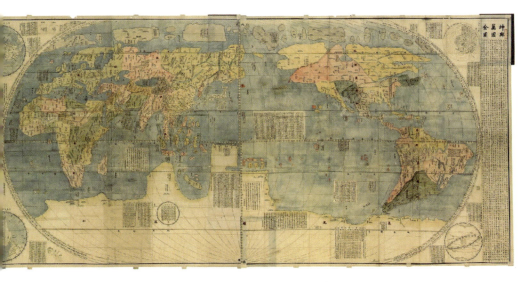

《坤舆万国全图》

---

① 刘旭《明清之际西方火器引进初探》，《湘潭大学学报》（哲学社会科学版）1995 年第 4 期，第 38—43 页。
② 王文峰《微观视野下的中西科技文化交流——以明清时期西方科技著作汉译化为例》，《科技信息》2010 年第 24 期，第 462—463 页。

　　西方地理学几乎与天文学、数学同时传入中国。利玛窦所著《坤舆万国全图》首次向中华民族展示了世界的全貌，大大开阔了中国人的眼界，猛烈地冲击了中华民族旧有的传统世界观念。利玛窦曾致力于编绘世界地图，后经清政府与民间多次刻印，刻印本种类众多。意大利传教士艾儒略曾著有《职方外纪》，其内容由世界地图及相应的介绍性文字组成。"较之利玛窦的中文世界地图，《职方外纪》有关天体原理、地圆说、五大洲观念、地球纬度、世界海洋航线、经纬度制图、投影法、太阳回归形成四季和五带的原理等西方地理学、地图学知识的介绍和阐释更为全面系统，所记载域外国家的人文地理大势更为翔实。"① 它是第一部面向中国介绍近代世界地理知识的综合性著作。乾隆皇帝曾委托被欧洲人称为"中国地理学之父"的意大利人卫匡国编著《中国新地图集》。康熙年间，朝廷亦曾委托杜德美、雷孝思等人对全国地理情况进行普遍性测绘。当时测绘工具的简陋程度可想而知，所能利用的工具仅为绳子与天体定位三角法。在如是十分困难的条件下，经过十年的不懈努力，杜德美等人终于完成了《皇舆全览图》的测绘、校正与编纂工作。《皇舆全览图》可谓当时世界上工程量最大、制图精确度最高的地图集，其精确度甚至远超当时的欧洲地图集。② 此后，乾隆年间，宋君荣、蒋友仁等传教士受皇帝委托，在中国学者的协助之下绘制完成一幅亚洲地图，名为《乾隆内府舆图》。明清之际，法国耶稣会传教士在科技传播与文化交流上，对中国的贡献远不止天文历法。"至 1773 年法国耶稣会解散，先后有百余名法国传教士来中国。他们大都学有专长，且努力工作，在天文、地理、数学、生物、机械、建筑等诸多方面的研究上多有建树。"③

　　此外，西方传教士还将西方生物学、医学与药理学知识传入中国。欧洲传教士希望获得在华身份地位的提升，故时常运用自身医学知识技能，为皇室与王公大臣诊断治疗。据史料记载，法国传教士洪若翰等人曾通过喂食金鸡纳霜治（奎宁）愈康熙帝的顽疾，而外科医生罗德先通过西洋医术治好了康熙的心悸与上唇瘤。康熙皇帝曾命令传教士巴多明将法国人体解剖学著作

---

① 管彦波《明代的舆图世界："天下体系"与"华夷秩序"的承转渐变》，《民族研究》2014 年第 6 期，第 101 - 110 页。

② 曹增友《法国在华传教士的科技活动及其影响》，《中国科技史料》1991 年第 3 期，第 15 - 23 页；秦国经《18 世纪西洋人在测绘清朝舆图中的活动与贡献》，《清史研究》1997 年第 1 期，第 37 - 44 页。

③ 当然，《皇舆全览图》对清朝疆域的认识也并不准确。具体内容可见韩昭庆《康熙〈皇舆全览图〉与西方对中国历史疆域认知的成见》，《清华大学学报》（哲学社会科学版）2015 年第 6 期，第 123 - 142 页。

《西医人身骨脉图说》翻译为满文、汉文，并附有满文说明与插图，但这部书最终并未出版。①

除西方科学技术与学术理论之外，传教士们还将西方建筑风格与先进的建造技术带至中国。今仍随处可见的修筑于清朝的欧洲风格教堂，就是最直接的反映。圆明园中的长春园，就是部分仿法国宫殿的风格设计建造的。该工程的主持者正是意大利传教士郎世宁。此后，法国传教士蒋友仁又协助郎世宁设计建造西洋楼建筑群，其风格中西合璧，规模亦令人惊叹。蒋友仁本人特别擅长制造机械，在建筑设计与主持建设的过程中，特别担负有设计喷水池的任务。其所设计建造的十二生肖喷泉水钟，以十二生肖代表十二个时辰，可依具体时间轮流喷水。

---

① 郭永芳《康熙与自然科学》，《自然辩证法通讯》1983 年第 5 期，第 50-58 页。

第二节　医疗技术与药物传播和交流及近代西方医疗技术的东渐

前文已述，很多学者认为，海上丝绸之路的开辟可追溯到春秋战国时期。不过单就医药传播与交流而言，借由海上丝绸之路的东、西方交往，应当远远晚于这个时期。最早与我国有医药往来的国家，是朝鲜与日本。据史料记载，允恭天皇三年（414）秋，日本被迫向新罗求助上等医者，此后新罗王派遣金波镇、汉纪武为调贡大使，并成功医好了皇帝的疾病。"根据日本医学史前辈大家富士川游氏的研究，'医'字在日本晚到允恭天皇三年（414年，东晋义熙十年）才出现。"① 而在此之后，日本雄略天皇三年（458）、钦明天皇十四年（553），史料均有记载百济派遣高句丽名医出使日本。在这一时期，我国与朝鲜之间已有较为密切的往来，朝鲜古医与中医之间的交往也应是最早的。而日本于此后获得的有关针灸疗法的技术，应是自朝鲜半岛传入，而非中国。② 陶弘景在《名医别录》中曾记载高丽冶炼金屑，可药用医病，以及朝鲜人参"乃重百济者，形细而坚白，气味薄于上党者，次用高丽者，高丽地近辽东，形大而虚软，不及百济。"③ 这些都说明当时我国与朝鲜已开始医药交流。由此可见，自朝鲜沿海路传到日本的医术，很有可能是最早的海上医术传播路径。"在隋唐时期，以中方为主导的中日之间文化交流同样进入高潮阶段，多半是中国的文化、思想、理论体系向日本输出、倾斜，影响日本。其时，两国医药学的交往由于势差的影响，也基本上沿袭着这种模式。"公元562年，南北朝吴人知聪携《明堂图》等医学典籍到达日本，日本的神农药师惠日与倭汉直福因也多次来我国学习医术，学成之后携带了不少中医典籍回国。以上这些交流活动都是通过海上丝绸之

---

① 杜正胜《从医疗史看道家对日本古代文化的影响》，《中国历史博物馆馆刊》1993年第2期，第19-25页。
② 武彦《针灸传日早期史实的若干考证》，《南京中医药大学学报》（社会科学版）2013年第2期，第73-78页。
③ 李发枝《古代人参名实补考》，《中国医药学报》1992年第4期，第58-59页。

路进行的。①

南北朝时期，我国已开始借由海路，向国内输送药材与香料。这与我国开展海上交通密不可分。如"沉香"首次记载于陶弘景的《名医别录》，书中认为它能够治疗浮肿与淋巴结肿大，并去除体内毒素，等等。另外，还记载了龙脑，书中认为它有治疗妇人难产的功效。上述两种香料药物，肯定是通过海路运输到国内的，原因在于古代已有人认识到香料入药的可能性与重要性，但秦汉时期各方记载中都未曾出现这两种香料药物。

一、与亚洲各国的医疗和药物交流

从总体上看，直到隋唐之前，虽然"海上丝绸之路"已开通并得到相当程度的发展，但也正是由于各方面条件所限，特别是航海技术方面的局限，"海上丝绸之路"在经济贸易交流上所起的作用实则受到一定程度的限制。可想而知，医药方面的交流只可能更加有限。自隋唐以来，随着我国航海技术的进步与海上交流的日益频密，医药交流也随之趋于繁荣。此间，中国与印度、阿拉伯、波斯，与东南亚国家之间均有较为广泛的医学与药物的交流。② 唐朝鉴真和尚六次远涉重洋，随身携带大量的中国科学技术与典籍，其中不乏医药方面的内容。高僧义净曾通过海上丝绸之路，远赴佛教圣地印度，并带去中药与中医医疗技术。另一方面，印度的医药也通过陆海两条渠道传入我国，仅史料中所载印度医书种类便不胜枚举。单《隋书·经籍志》所记载的，便包括《龙树菩萨药方》四卷、《婆罗门诸仙药方》二十卷、《释僧匡针灸经》一卷等。当然，这些书籍的典例性与成体系程度仍相对有限。"这些书基本上都是属于技艺类的，而不是属于阐述思想学说为主一类的，但当时这些医卜内容不可能不附带宗教色彩，因为古代印度的宗教与社会文化是结为一体的。"③ 中国的药理学与本草学在传统所固有的基础之上，还增加了许多外来药物。官修医药书籍《新修本草》《本草拾遗》等书中，除记载有上述沉香、龙脑之外，还囊括了波斯的安息香、印度的紫铆等香料药物。

---

① 彭吉《隋唐时期中日医学交流简况》，《医学与社会》2002 年第 1 期，第 37 - 38 页。
② 王颜、屈华《唐代关中地区医药学发展与中外文明交流》，《咸阳师范学院学报》2016 年第 5 期，第 73 - 80 页。
③ 严耀中《〈隋书·经籍志〉中婆罗门典籍与隋以前在中国的婆罗门教》，《世界宗教研究》2009 年第 4 期，第 107 - 116 页。

  宋元时期，通往南亚、东南亚、南洋、西亚、非洲的海上丝绸之路的交流特别活跃。这些发生于"海上丝绸之路"航线上的交流活动，主要可归结为经济贸易；而向中国输入的众多物产当中，香料占据着举足轻重的地位。且在香料输入的港口中，广州港又是重中之重。"以宋朝输入的大宗商品香药为例，神宗熙宁十年（1077），广州、杭州、明州三港共进口乳香 354 449 斤，其中广州港为 348 673 斤，约占全国总数的 98.3%。"① 根据史料统计，南宋末年，我国自外域进口香料总量可谓逐年增加，最多曾达 3 万余种。其中，有关自东南亚进口香料种类与明晰的记载可谓最为完备，其种类可达 29 种之多，包括自渤泥、真腊等地进口的肉豆蔻、沉水香、龙脑香等。马鲁古群岛的船只，也时而运来大宗香料进行贸易。②

  上已述及，明清两代海上丝绸之路的一个重要变化，在于重要南海丝路港口的兴衰与更迭。其中泉州开始逐步衰落，广州港自此成为南海丝绸之路上东方的绝对核心港口与对外贸易、文化交流的门户。然而在贸易内容方面，该时期基本仍以香料为主，药物乃其中一大宗，变革甚微。③ 即使在该时期时开时闭的"东方海上丝绸之路"，也同样以香料、药物贸易为核心。据史料记载，该时期由中国向东洋、南洋输出的物资商品中，包含川芎、甘草、藿香、乌药、麻黄、人参、巴豆、绿矾、皂矾等。19 世纪中期，帝国主义列强开始入侵中华大地，沿海地区的各南海丝绸之路港口也无一幸免地沦为西方资本输入的据点，西方医学与医药的输入逐步超过了中医与药物的出口。

  中国古代医学自海上传入日本、朝鲜，可追溯到秦始皇时代徐福入海求取仙药，登陆日本后成为日本先民时。"这次徐福东渡（前 210），虽然仍没有获得'不老药'，但在日本列岛熊野浦登陆后，发现了'平原广泽'（即日本九州），便长居于此，'止王不来'不再复返了。"④ 一般认为，徐福入海时，身边必带有随行工匠与医者，并最终抵达日本，成为中医向西方输出的最早一代。而日本与朝鲜随后发展出来的古代医学，无论从医理还是药理上讲，都与中医关系密切，这也从侧面证实了上述观点。

---

  ① 李军《宋元"海上丝绸之路"繁荣时期广州、明州（宁波）、泉州三大港口发展之比较研究》，《南方文物》2005 年第 1 期，第 76 - 82 页。
  ② 马勇《东南亚与海上丝绸之路》，《云南社会科学》2001 年第 6 期，第 77 - 81 页。
  ③ 陆韧、苏月秋《宋代海上丝绸之路广西口岸发展与西南地区的交通贸易》，《长安大学学报》（社会科学版）2016 年第 2 期，第 141 - 148 页。
  ④ 葛永明、杨桂珍《徐福与海上丝绸之路东方航线》，《大陆桥视野》2016 年第 21 期，第 81 - 84 页。

从上古时期到六朝以前，除了东亚诸国持续受到中医文化影响与熏陶之外，通过海上丝绸之路，中国与南亚的印度、西亚的阿拉伯国家，在医药领域也有着相当密切的往来。其中古印度吠陀医学的主干理论为"四大学说"，认为人体根据各行相生相克，可分为四个完全不同的系统，分别覆盖人体的不同区域与部位。① 其所包含的组织与器官各有异同，但周转与运作机理可谓大同小异。"四大学说"体系认为，四个体系中每个都可能患有101种病症，总共404种病症。此后，陶弘景在修订葛洪的《肘后备急方》过程中，一定程度上吸纳了"四大学说"的病症分类体系与基本架构，将原书修订为《补阙肘后百一方》。这在很大程度上体现出基于南海丝绸之路的中外医学交流与融会贯通。此外，中医的经络、穴脉知识、炼丹术、也得以通过"海上丝绸之路"向外扩散。

自隋唐伊始，经由"海上丝绸之路"的中外医学互通逐渐频繁，并且相互影响。此时的朝鲜、日本等邻国的医学体系与国内医学建设，几乎都是效仿隋唐时期的中国医学与医疗建设体系。日本的"大宝律令·医疾令"基本是依照唐朝基本制度而设立。其中学生所系统修习的医学理论及其具体内容，几乎完全仿效唐太医署。"因为隋唐医学在日本达到了鼎盛程度，在平安时代的初期、大同年间，担心湮没日本原有的医方，所以汇集流传于神社和民间的医方编纂成《大同类聚方》。"可见，日本的《大同类聚方》等医书典籍，也基本是仿照中医书籍的内容进行编撰与整理的。② 除东亚以外，中世纪阿拉伯世界的医学理论中，也有较为明显的受中医学影响的痕迹。10世纪时著名的阿拉伯医学家阿维森纳著有《医典》。其中所记载的切脉诊断所遵循的48种基本脉象中，七成与晋代王叔和所著《脉经》中所述相当接近。除此之外，《医典》中对于很多疾病的病象与病理学描述，均与隋医著中的相关叙述和论述非常相近。当然，我国隋唐医学著作中，也很清晰地体现出国外医学影响与修正的痕迹。如孙思邈所著《备急千金方》所述的有关"四大学说"与404种人体病症的内容，与我国医学中所遵循的固有的五行思想与学说相互杂糅。两套理论都赞成"天人合一"的观点。而印度医学的"四大"则更加丰富了中国传统的五行观。③ 两种理论体系的结合，虽不至

---

① 蔡景峰《唐以前的中印医学交流》，《中国科技史料》1986年第6期，第16—23页。该书对印度医学东渐以及中印医学交流的历史进程有所详述，本书对其中相关内容进行了参考。
② 蓝百《日本汉方医学的变迁》，《中医药学报》1985年第3期，第54—56页。
③ 杨鸿、周志彬、向劲松等《中医学与印度传统医学的关系》，《中医文献杂志》2013年第5期，第18—21页。

于直接生成第三种理论体系，但可以从中看到当时的医学交流活动的频繁。

例如，该时期国外向中国输入的诸多新药，可以说大大地丰富了我国固有的本草学内容。如《备急千金方》中所记载唐代时已输入我国的"破故纸"，说到唐朝宰相郑絪于60岁高龄出任岭南节度使，水土不服并阳气渐衰，服用各种药石均告无效。后来经过诃陵国（今爪哇）一舶主介绍，认为这种"自外番随海路舶来"的"破故纸"相当有效。通过这一例，我们可以窥见"舶来"的外域药物对中医学所产生的重要影响。

但单就整个中医学而言，国外输入的香料药，在隋唐时期医药学中所占份额仍微乎其微。① 相比之下，宋元时期香料及海外药物自海上丝绸之路的输入，则开始逐步占据举足轻重的地位。宋元以来，由于香料药物的大规模输入，外加对外贸易的蓬勃发展，外域药物开始对中医药学发展史产生举足轻重的影响。

以往中医对于香料药的看法，主要是作为正方的辅引，单独起到治疗功效的例子几乎没有。而在此时代，由于香料药的大量输入，人们亦开始对香料药在医学中的作用有所认识。北宋初年的官修《开宝本草》中录入了900多种草药，其中便包括30余种来自外域的香料药。而"（《开宝本草》以后）每过若干年，政府都组织医药学家进行新的修订和补充"。因此，随着时间的推移，30余种外域香料药这个数量，还在不断增加。单从比例上讲，《开宝本草》中香料药物的比例已超过唐代官修药学典籍的三倍。② 另外，为加强国内的药物处方与药政管理，两宋年间，朝廷先后成立了"熟药所""和剂惠民局"等机构，并编纂了《太平惠民和剂局方》。该官修药典也在很大程度上反映了上述香料药物比例增加的大趋势。此后，外科治疗诊断采用香料药入药的比例也开始逐步增加。③

由于香料输入总量的庞大，宋元时期社会对香料的需求，远不止医药制方这一相对狭窄的领域。在一般平民百姓的日常生活当中，香料的应用也是多方面的。北宋末年，香料开始被广泛应用于食品加工业，缘自它刺激食欲与防腐防霉等诸多功用。换句话说，香料已经成为宋代朝廷内部甚至民间频

---

① 陈明《译释与传抄：丝路汉文密教文献中的外来药物书写》，《世界宗教研究》2016年第1期，第28－49页。

② 吴孟华、赵中振、曹晖《唐宋外来药物的输入与中药化》，《中国中药杂志》2016年第21期，第4076－4082页。

③ 范磊、欧阳兵《试析〈太平惠民和剂局方〉盛行的原因及其影响》，《甘肃中医》2009年第1期，第8－10页。

繁使用的一种食品添加剂。另外，香料还可以起到净化空气，以及祛除空气中的病原体等作用。"运入中国的香料，除了熏香、佩香、沐香、墨香、驱虫，也用于饮食调料，以增加食物的味感，或作养身之用。……龙脑、木香、麝香用作增加酒香、茶香的添加剂。"① 焚香除了净化空气之外，疫病流行时期还能在一定程度上起到控制疫病传播的作用。诸如沉香、麝香、降真香等薰香药也具备一定程度的同类功效。

而宋元时期，香料药的引入，其影响相当深远，且绝不止医疗行为入药这么简单。香料中多含有以苯环为碳骨架中心结构的芳香烃、芳香酯，性极易挥发，一般不能用传统的汤剂煎熬法熬制。于是，中医药学中便发展出了丸、散、膏等崭新制剂形式。这一变化在《太平惠民和剂局方》中得到了长足的反映，其中各类药方、药物中占所有剂型首位的，是丸药，而后才是散剂、汤药。而宋元时期，这种所谓的"熟药"在销售途径上为国家所垄断，其所产生的利润亦相当可观。"宋神宗熙宁九年（1076），太医局奉命开办熟药所。元丰年间（1078—1085），太医局即编印《太医局方》三卷，供熟药所依方制药售卖。"此后，《太平惠民和剂局方》一直影响着中医行当，历时近千年。②

宋代以后，元政府还大量引入阿拉伯医学中的精华内容。通过海上丝绸之路，阿拉伯人、物产大量涌入元朝，其中阿拉伯人逐渐形成我国如今的回族。元朝时设有"回回药物院"，其记载用药机理与临床病例的"回回药方"，今仍存有残卷。这是当时阿拉伯医学在我国产生影响的重要证据之一。③ 意大利著名旅行家马可·波罗的《马可·波罗行纪》中，对元代医药医疗事业的发展情况，亦有着较为详尽的记载。另外，自元代始，中药剂型中开始出现以金箔为药衣的情况，实为受到阿拉伯医学的影响。此后丸药的剂型开始出现砂衣、银衣、矾红衣、麝香衣等。

外域药物与医学理论大量传入我国的同时，借助"海上丝绸之路"，中医药物亦继续向海外广泛输出。中医诊断学、中医五行理论基础、精细医学理论等内容的对外传播，自不必多加赘述。中药的输出与外域药物的输入力度、广度可谓不相上下。根据《宋会要》中有关记载，我国经由"海上丝

---

① 张君君、朱宏斌《宋元时期中外饮食文化交流》，《兰台世界》2016年第12期，第123－127页。
② 唐廷猷《宋代官药局成药标准〈太平惠民和剂局方〉》，《中国现代中药》2015年第5期，第413－417页。
③ 宋岘《〈回回药方〉与几种阿拉伯古代医书》，《西域研究》1991年第3期，第79－85页。

绸之路",向阿拉伯地区以及西方其他地区输出的中药药物种类可达将近60种。宋元时期,香燥药颇为盛行,其影响向东可波及日本。经考证,"南海的占城(今越南中南部)、三佛齐(今苏门答腊岛)、交趾(今越南北部);南印度的注辇;西亚的大食(包括其属国俞卢和地)等国都曾向宋朝进贡乳香。此外,东非的层檀(今桑给巴尔岛)也向宋朝进贡过乳香。"① 当时自中国输往日本的药物中,香药所占比例非常高,其种类包含丁香、麝香、沉香等。

明清时代直至近代鸦片战争以前,经由"海上丝绸之路"的医药类交往,仍旧以药物贸易为主。当时输出的药物中,不乏自南洋输入后向外转运的香料类药物。"其时,与中国进行往来交流的东南亚国家主要有安南、占城、暹罗、爪哇、苏门答腊、三佛齐、满剌加、彭亨、柔佛等。和以往朝代一样,这些国家仍然向明清政府朝贡,民间的贸易往来也不绝于途。"其中自海路向外出口的香药,多自广州始发,借由"海上丝绸之路"运往东南亚各个国家和地区。② 另外,运往菲律宾、越南等东南亚国家的,还有中医医书与银针等中医诊疗器具。我国在东南亚国家进口包括檀木香、金银香等香料药物后,还会以加工后的形式"返销"给这些国家。这表明当时东南亚国家虽产香料,却并未将其当作药物看待,更不可能使其发挥任何形式的药用功效,经中国人将其作为药物开发、加工与利用之后,方才返销回去,达到其药用的归宿性目的。

二、"人痘接种法"的西渐与"牛痘接种法"的东渐

中国古代预防天花的人痘接种医术正是经由"海上丝绸之路"与"陆上丝绸之路"西传至欧美各国的。此后英国的"牛痘接种"医术又经由海上丝绸之路东渐,自澳门重新传入中国。

天花是由天花病毒引起的一种古老而烈性的传染病,也是迄今为止人类在世界范围内成功消灭的唯一一种传染病。该病毒大约于一至二万年前,就已在地球上出现。根据我国相关史料记载,此病大概于东汉建武年间(25—56),自境外传入中国。东晋的葛洪在其所著《肘后备急方》中,对此病的病征有较为详细的记述:

---

① 温翠芳《从沉香到乳香——唐宋两代朝贡贸易中进口的主要香药之变迁研究》,《西南大学学报》(社会科学版)2015年第5期,第196-204页。
② 冯立军《古代中国与东南亚中医药交流》,《南洋问题研究》2002年第3期,第8-19页。

> 比岁有病时行。仍发疮头面及身，须臾周匝，状如火疮，皆戴白浆，随决随生，不即治，剧者多死，治得瘥后，疮瘢紫黑，弥岁方减，此恶毒之气也。①

该记载也是世界上有关天花的最早记录。不过天花在社会发展的盛世时期更有可能爆发与流行。因而根据史料记载，天花主要流行于唐宋时期，且自元明之后更为猛烈。同一时期的欧洲大陆，流行性天花并没有造成什么值得载入史料的影响。直至17世纪后的一百年间，欧洲天花大肆爆发，因病死亡者不计其数。"作为一种烈性传染病，天花在隋唐时代已见流行，明清时期达到高峰。明清两代文集中存在大量的涉及天花病例的内容，这是天花肆虐侵害民命的历史缩影。天花在中国的传播蔓延，造成了大量的人口死亡。"②

史料中有关中国人痘接种医术的发源时间可谓众说纷纭，其中有始于唐代开元年间（712—756），始于北宋真宗年间（998—1022），以及最迟始于明代隆庆年间（1567—1572）的诸多说法。雍正五年（1727）俞茂鲲著《痘科金镜赋集解》记述：

> 闻种痘法起于明朝隆庆年间宁国府太平县，姓氏失考，得之异人丹家之传，由此蔓延天下，至今种花者，宁国人居多。③

无论如何，明隆庆年间，安徽省宁国府太平县（今安徽省黄山市）一带，人痘接种医术肯定已经问世。程从周所著《程茂先医案》与周晖所著《金陵琐事剩录》中，均有对这种接种预防医术的明确记载。④ 其中共通的说法，即采用"鼻苗"的痘法，将痘汁（即病变组织的组织液与团簇毛细血管腔的腔液）灌入人的鼻腔，痘即能够自出，起到预防或防止天花的功

---

① 引自《肘后备急方》。
② 刘思媛、曹树基《明清时期天花病例的流行特征——以墓志铭文献为中心的考察》，《河南大学学报》（社会科学版）2015年第3期，第65-70页。
③ 转引自黄启臣《人痘西传与牛痘东渐——丝绸之路文化效应之一》，《海交史研究》1999年第1期，第34-40页。
④ 邹振环《〈英吉利国新出种痘奇书〉与牛痘接种法在中国的传播》，《编辑学刊》1994年第5期，第71-72页。

效。① 后至明崇祯年间（1628—1644），董其昌所著《玄赏斋书目》中已注录《种痘书》。康熙二十一年（1682），爱新觉罗·玄烨皇帝首次以朝廷的身份肯定人痘接种医术的可靠性，且鼓励与广泛推行人痘法来防止天花病的发生。时至乾隆七年（1742），清政府官修医学百科典籍《医宗金鉴》则更为详细地对人痘接种医术的操作细节等内容进行了记载。这也标志着人痘接种医术逐渐走上规范临床化与科学化的轨道。②

康熙二十七年（1688），人痘接种医术经由"陆上丝绸之路"传至俄国与高加索地区。法国著名启蒙思想家伏尔泰（Voltaire，1694—1778）所著《哲学通信》（Lettres Philosophiques）中曾记述他本人听说过几百年来中国人一直有种痘的习惯。俄国也于康熙二十八年（1689）派遣专门的医者来到中国学习接种人痘的医术。此后，人痘接种医术又通过俄国人传至土耳其。除此之外，人痘接种医术还经由俄国传至突尼斯和非洲大部分地区。当时也正是黑奴贸易盛行之时，人痘接种医术在很大程度上保证了用于贩卖的黑奴不会因感染天花病毒而死于运送途中。③

康熙六十年（1721），人痘接种医术终于经由土耳其传至欧洲大陆与大不列颠群岛。最早的有关记载集中于当时英国驻土耳其君士坦丁堡大使的夫人蒙塔古夫人（Mary Worntley Montague）。此人曾因患有天花而眉毛尽数脱落，还留下了麻子脸，其兄弟也最终死于天花。切肤治疗后，她曾于1716年亲自为自己的女儿与儿子进行人痘接种，并将此医术介绍给当时的斯图亚特王朝。自此，人痘接种技术方开始在英国及欧洲其他国家与地区逐步传播开来。同在康熙六十年（1721），美国波士顿亦开始爆发天花，而此时已有人痘接种医术盛行于北美大陆。著名美国科学家富兰克林因其子死于天花而大力呼吁北美推行人痘接种，以预防天花病毒。④

必须注意的是，西方国家所推行的中国"人痘接种医术"，只采用了"痘浆法"，具体机理即为自天花病毒的首级天花病感染患者身上的疱浆当中提取浆液，后通过人为划破健康孩童的臂膊皮肤来进行接种。这一过程并没有涉及中国"人痘接种医术"中的人工灭毒活疫苗的活性选择环节，即"连种七次，精加选炼"。也就是说，若是所使用浆液的毒力过强，很可能会

---

① 刘学礼《中国古代的免疫思想与人痘接种术》，《医学与哲学》1993年第11期，第51-53页。
② 程慧娟、章健《〈医宗金鉴〉人痘术探析》，《中国民间疗法》2013年第9期，第5-6页。
③ 黄启臣、庞秀声《中国人痘接种医术的西传》，《寻根》2000年第5期，第16-20页。
④ 李琳荣、施怀生、王宏《人痘接种术的消亡与理论中医学的责任》，《山西中医学院学报》2000年第2期，第45-47页。

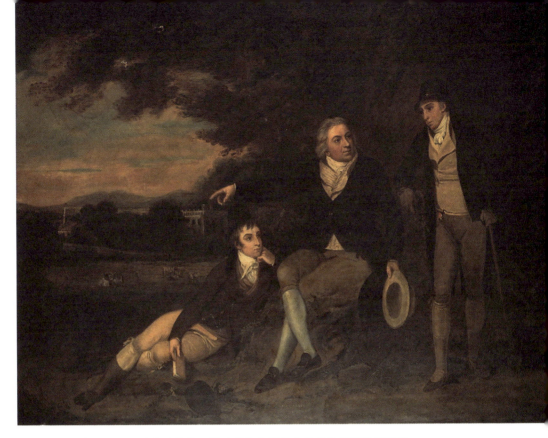

牛痘接种创始人爱德华·琴纳造访乡村的农户并为他们注射疫苗

适得其反，进而使接种者发病而因天花命丧黄泉。更可怕的是，每个接种过该种"疫苗"者都成为活的获得性感染源。① 也正因为如此，西方有了以牛痘代替人痘的应激性改造与发明。牛痘接种的发明者是毕业于英国伦敦大学医学院的琴纳（Dr. Edward Zinner）。② 他于 1798 年撰写并出版了《对天花牛痘疫苗的成因及其效果的研究》一书，标志着牛痘接种法的发明与问世。自此之后，琴纳发明的"牛痘接种术"逐渐在西方世界取代了由中国传入的"人痘接种术"，并很快风靡全世界。"时至同治、光绪年间，河南、山东、山海关等地均见相继设局施种"。③ 在牛痘接种法传至中国以后，也很快为中国人所接受，较底层民众也得到了广泛施种。

---

① 李琳荣、施怀生、王宏《人痘接种术的消亡与理论中医学的责任》，《山西中医学院学报》2000 年第 2 期，第 45—47 页。

② 有关耶稣会士在华传教过程中，对文化交流与交融的贡献，详见丁顺茹《论西方传教士在明清之际中西文化交流中的作用》，《广州师院学报》1997 年第 3 期，第 52—59 页。本书在撰写相关内容过程中，参考了该文章。

③ 廖育群《牛痘法在近代中国的传播》，《中国科技史料》1988 年第 2 期，第 36—44 页。

嘉庆八年（1803）初，印度的东印度公司总督收到来自英国的加急信件，信中表示希望将英国施种于印度的牛痘接种法推行到中国。英国东印度公司中国委员会建议与清政府进行磋商，以贸易及物资交换的形式将牛痘接种术传予当时的清政府。同年八月，英属孟买总督将第一批牛痘疫苗寄赠予澳门东印度公司。在广州行商的协助之下，东印度公司在澳门儿童身上进行了该批牛痘疫苗的试验性接种。不过由于该批牛痘疫苗已失效，接种最终宣告失败。①

两年后，即嘉庆十年（1805），英国东印度公司的外科医生皮尔逊，采用自马尼拉运来的一批新的牛痘疫苗，再次试种于澳门儿童并取得成功。而这也是牛痘疫苗传入中国之伊始。一开始，皮尔逊自行负担为周边人接种牛痘的开销。而后广州天花大爆发，无数居民纷纷涌入澳门以期皮尔逊为其接种牛痘。仅1806年一年，皮尔逊就为不下数千人接种了牛痘疫苗。此后，邱熺率先自皮尔逊处学会了牛痘接种术，并逐渐以一己之力将西方牛痘接种疫苗发扬光大。"皮尔逊说邱熺自1806年开始投入种痘事业之中，成为最主要的种痘师……此后，邱熺一直随皮尔逊穿行于粤澳两地为人种痘"。② 后来，皮尔逊还雇请了梁辉、张尧等人为其助手，亲手教授他们牛痘接种技术。③

皮尔逊的牛痘施种在澳门获得成功以后，他曾著有一本有关牛痘接种的小册子，并由他人翻译为汉文，书名为《英吉利国新出种痘奇书》。书中详细介绍了琴纳发明牛痘的具体过程，以及种痘法的传播途径与有关分析种牛痘的特性、过程、具体技术方法与临床症状的内容，等等。该书为十三行商人郑崇谦翻译抄录并作序，因此也有人认为郑崇谦是"最早传播牛痘接种法的中国人"。"第二次鸦片战争后，由于缺乏绅商的资助，痘苗无源，广州的种痘事业几近停顿，幸有博济医院常年提供痘苗并为各大善堂培训种痘师，此项慈善事业才得以维持。"此时，由于民间种痘者早已遍布广东，官派的种痘人几乎树立不起威望。也正由于广东是牛痘接种法自海上丝绸之路传入的前哨地，故近代民间种痘事业主要发源于广东这一事实，也并不奇怪了。④

---

① 刘泽生《英国东印度公司在澳穗医生与近代医学交流》，《广东史志》1999年第3期，第35 - 37页。
② 董少新《论邱熺与牛痘在华之传播》，《广东社会科学》2007年第1期，第134 - 140页。
③ 廖育群《牛痘法在近代中国的传播》，《中国科技史料》1988年第2期，第36 - 44页。
④ 李计筹《民国时期广州的种痘事业》，《南京中医药大学学报》（社会科学版）2014年第2期，第88 - 94页。

不过，实际上，在中国起到传播牛痘接种术最核心作用的，是嘉庆二十二年（1817）邱熺所著的《引痘略》。该书对皮尔逊施种牛痘于广州、澳门的医术进行了较为详细的介绍，还将中医医理与牛痘接种术创造性地结合在一起。在客观上，该书大大增加了"牛痘接种术"在公众心目中的可信度。①

---

① 董少新《论邱熺与牛痘在华之传播》，《广东社会科学》2007年第1期，第134—140页。

第三节　海外人文风俗的传入与宗教的传播

　　东汉杨孚所著的《南裔异物志》中曾对疑似早期用于买卖的海上黑奴加以记载："瓮人，齿及目甚鲜白，面体异黑若漆，皆光泽。为奴婢，强劲力。"可见，当时全身漆黑、齿目炫白的黑人，被岭海人称为"瓮人"。唐代已有官修史书记载海上丝绸之路沿线的各国情况，以及当地的风土人情等信息。而到了宋代，内陆有关西方诸国文化的了解，明显要比前朝更精细、具体。这些有关西方诸国文化的了解，也正是从广州"通海夷道"传播而至的。其中便包括了朱彧的《萍洲可谈》、范成大的《桂海虞衡志》等书，这些书中都有着比唐代著述更为确凿与全面的有关北非文化的介绍。当宋明中原文化的理学兴盛之时，岭南地区已开始大量吸收西方的科学知识以及思想文化。正如前文所述，宋代中国在与东南亚进行贸易往来的过程中，其相互间的互动早已超越了贸易本身。"东南亚的特殊地理位置及三佛齐人的经济意识，在极大地满足东西商品需求的同时，潜移默化地促成了中原王朝香药文化的盛行。"经由"海上丝绸之路"及其贸易活动的精神文化、生活习惯乃至价值观念的转变，不仅影响着广大东南亚地区的人，同样也影响着岭南地区的沿海住民。[①] 当时此地，便有士人、商贾提倡率先学习西方的格致学。在诸多因素的催促之下，岭南地区人民的思想观念与行为准则、方式等，发生了不同于农业正统社会规律的变化。

　　从逻辑上讲，海外文化的渗透与其在中华的传播，应是以物质文化为先导的。精神文化的传播在很大程度上，是跟随物质文化的脚步而进行的。而物质文化本身也必然承载着部分不同层次与方面的精神文化，其表观形态却仍是物质性的。据此，较为完整的、成体系的精神文化的传入应在海上航路开通以后，后于商品贸易的先导性介入而逐步引进的。梁启超本人就曾列举过从西方输入到中国的精神文化体系，[②] 其中宗教包括：

---

　　① 董春林、赵双叶《"香药之路"的文化路径——宋代与东南亚交流路线再探讨》，《成都师范学院学报》2015年第2期，第20-24页。
　　② 梁启超《世界史上广东之位置》，引自黄树森主编《广东九章——经典大家为广东说了什么》，广东人民出版社2006年版，第40-42页。

回教:"苏哈巴以教主之父行,初至广东,其为最初传入者甚明。"

耶稣教之中的景教:"今之所传景教流行中国碑,属尼士特拉派(Nestorius)耶教之别宗,当时行于波斯者也。六朝、唐间,广东波斯交通最盛,必由广东输入无疑。"但与此同时,基督教与广府文化之间仍存在着不小的差异与冲突。广州宗教信众甚至官府对宗教的态度都是偏拿来主义的。正因为如此,"多种宗教和民间信仰混杂相居的现象导致了宗教的排他性减弱,大多宗教信徒往往同时信仰多个神明"①。

耶稣教之迦特力教(罗马旧教):"元代意大利教士奥代里谷(Odoric)始至广东,为罗马旧教入中国之始。明万历间,利玛窦与其徒至广东,居肇庆十余年。"

耶稣教之婆罗的士坦教(新教):"嘉庆年间,英国人摩利逊(R. Morrison)始至广东,留二十五年,译《新旧约全书》。"

佛教:"佛教虽早至,然广东海运开,往还特便,高僧接踵至,比如达摩留粤,而其衣钵后来又传入粤人(六祖惠能),始使中国禅宗发扬光大,而其影响于宋明学界尤大也。"

佛教经由海上丝绸之路传来岭南地区这一途径,应该说是最稳定且发源时间较早的。"佛教由印度通过海上丝绸之路东传,经由斯里兰卡、爪哇、马来半岛,传入岭南的交州、广州以及东部沿海地区。"②③

事实上,在古代,文化的风格与性格等诸多特征均集中体现在宗教之中。古代、近代世界的宗教传播图景中,岭南地区起到了向中国传播的核心媒介的作用。现已很难考证佛教传入中国的具体途径,但有关史书中曾提及佛教最早自海上丝绸之路传入的登陆点很可能是岭海地区的交趾与苍梧(今广西壮族自治区梧州市苍梧县)。冯达文在《两汉思想与信仰》一书中曾提到,《二十四史》中记载:"至桓帝延熹二年、四年,频从日南徼外来献。"由此可见,东汉桓帝时远自天竺而来的这些使臣,必定带来了佛教文化。④佛教亦很可能就此进入中国。海路上大量传入的佛教文化,包括达摩东渐,

---

① 薛熙明、魏雷《广东基督教文化与岭南文化之整合研究》,《热带地理》2008年第1期,第86—91页。

② 陈洪波《古代佛教入华的岭南交广海路及其影响》,《广西民族师范学院学报》2012年第1期,第41—44页。

③ 冯达文《宗教》,见李权时、李明华、韩强主编《岭南文化》(修订本)第十一章,广东人民出版社2010年版。

④ 冯达文《两汉思想与信仰》,巴蜀书社2013年版,第81—95页。

促使了中华大地上佛教精神的扎根。而广东又因其"海上丝绸之路"始发港的地位，而成为佛教扎根中国大地的重要根据地。"禅宗的祖师菩提达摩，也以光孝寺为传法的据点。后来禅法由广东北传，在嵩山少林寺立足，最后发展成中国人自己的宗教——禅宗。"① 无论是唐代惠能于岭南地区开创禅宗顿教，还是唐太宗即位之后，于岭南重兴译经的事业，并在各地建造寺院，都能看出佛教精神文化对中国人精神世界的重要影响。

而关于伊斯兰教，学界一般认为其最早传入中国的时间地点应为唐代初年的岭南地区。唐太宗贞观年间，伊斯兰教创教者穆罕默德的门徒阿布·宛葛素自海上抵达广州，并开始在广州传教。"唐与伊斯兰国家的交通尽管有陆、海两条线路，但由于进入中国的穆斯林商人为数不多，且他们居住分散，又多集中在长安、四川、云南及东南沿海的少数几个港口城市如广州、扬州等地，因而不能形成一支较有影响的穆斯林社会势力。……穆斯林商船至少在南宋初年即已开始使用罗盘，这就为穆斯林商人与中国进行大规模的贸易往来提供了技术保证，所以到南宋时泉州、广州、杭州等地，已是穆斯林商人的密居之地了"。唐宋两代伊斯兰教在广州的影响不断扩大，而广州又是波斯、大食人抵华与传播伊斯兰教的主要窗口。直到元代，广州的这一地位方才逐渐弱化，而伊斯兰教主要的传播途径也开始转变为陆上丝绸之路。②

与佛教相同，基督教对岭南地区乃至中原地区的影响，亦可以追溯到汉代前后。前已述及，自西汉时起，古罗马贵族便开始了与中国之间的贸易往来，而随之而至的便是基督教文化。唐代有关基督徒的记载已经很多。黄巢起义军占领广州时，城中的阿拉伯人、波斯人、犹太教与基督教徒总共可达12万多人。故早在唐朝之时起，广州已经是世界各宗教大宗的聚集之所。此后，无论是明朝的利玛窦、罗明坚，还是19世纪的新教传教士马礼逊，他们随身带来的世界地图中所渗透的世界观，彻底打碎了中国人固有的"中央之国"的世界中心观。③ 基督教传教士不仅为近代中国带来了宗教教义上的精神冲击，更是把中国人的旧有世界观彻底打碎，进而对世界有了一个全新

---

① 吴廷璆、郑彭年《佛教海上传入中国之研究》，《历史研究》1995年第2期，第20-39页。
② 吕变庭、王丽芹《论穆斯林对宋代社会风俗的影响》，《青海民族研究》2006年第1期，第66-73页。
③ 何桂春《明末至近代天主教和新教在华活动比较研究》，《福建师范大学学报》（哲学社会科学版）1991年第4期，第93-99页；戴建兵、陈晓荣《"传教士与翻译——近现代的中西文化交流"国际学术研讨会综述》，《高校社科信息》2004年第6期，第16-19页。

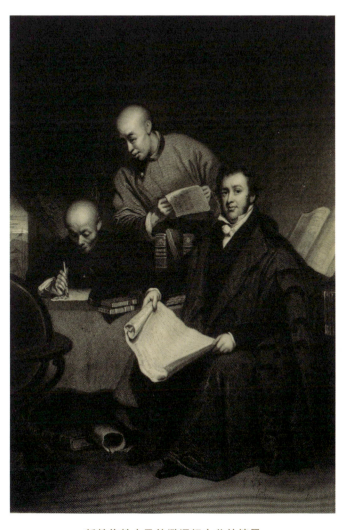

新教传教士马礼逊译经办公的情景

的认识。①

经过上述考察，可以看到，很显然，岭南文化的代表人物绝不仅限于中国近代。当近代民族危亡之时，岭南地区的先进思想与视野确实可谓当时华夏文化的佼佼者与引路人。然而，我们不应忽略，自古以来，岭南便一直都

---

① 徐映奇《近代广东基督教教案成因述略》，《广州大学学报》（社会科学版）2004年第12期，第12-16页；徐映奇《中法战争时期广东基督教教案与岭南文化特性》，《广东省社会主义学院学报》2004年第3期，第74-77页。

是海外文化引进的前哨阵地。① 近代的启蒙思想家也正因为处于世界海洋时代开启之时,世界航路、文化交融、全球贸易的焦点,方能有此番作为。可以说,岭南地区一直以来,都以其海洋文化的开拓之功,而位居对外贸易、文化传播的中心,其创造性、自主性、探索性地"看世界"的那双明眸,也许自始至终,从未真正闭拢过。

---

① 尹伶俐《论岭南海洋文化传承与创新的价值》,《广州航海学院学报》2015年第4期,第47-49页。

结　语
新时代的岭南文化与海上丝路

无论是一个地区，还是一个国家、一个民族，文化及其核心价值观的构建是其行动的根基，是其发展的支点与力量之源。在千百年的发展历程中，岭南地区的本土文化、移民文化和外来文化等文化成分交相辉映、融会贯通，创造性且革命性地凝结为一种崭新而富有生命力的文化架构与体系。她在华夏各个区域性文化体系中独具特色，其开放包容、务实创新、愈挫愈奋、敢为天下先的文化特质不但引领了近代中国的救国之路，而且在改革开放的新时期引领了强国之路。岭南文化见证并催化了中国人观念与精神面貌上的现代化，也推动着百年来中华民族自立自强、走向复兴的新征程。

自改革开放以来，广东与岭南地区为中华民族伟大复兴的中国梦做出了无数伟大而卓著的贡献。近40年间，广东作为我国改革开放的先行地区，为破解一系列改革开放难题探路，取得了优异成绩。广东在发展建设的各个方面都在全国名列前茅，不但迅速成长为全国第一经济大省，特别是依托于海上丝绸之路的外向型经济的发展在全国独占鳌头，而且，在精神文化建设和探索改革与发展道路方面也领跑全国，思想解放、敢于创新、善于创新是广东在新时代的标签。正因为如此，为改革开放注入动力的两个"春天的故事"都选择在广东开讲，并从此以后，把全国的改革开放事业推向一个又一个新的巅峰。这一切使广东这块热土不愧为发展中国特色社会主义的排头兵、深化改革开放的先行地、探索科学发展的试验区，也使广东有信心率先全面建成小康社会，率先基本实现社会主义现代化。

广东之所以能够不负习近平总书记"三个定位、两个率先"的期望，在全面小康和社会主义现代化建设中交出亮丽的答卷，能够向世人呈现出奇迹般的飞速发展与良性发展态势，其深厚的文化底蕴所提供的动力不容忽视。

特别是近年来改革与发展进入攻坚期和深水区，要继续保持发展优势，必须要有敢为天下先的闯劲，有敢于涉险滩的拼劲，有敢于啃硬骨头的干劲，还要有百折不回头的韧劲。岭南文化的特质，恰恰为这一切提供了最好的注脚。于是，时代选择了岭南，岭南无愧于时代。

如今，我国进入中国特色社会主义的新时代，改革与发展方向更明确，任务更艰巨。"广东要努力成为发展中国特色社会主义的排头兵、深化改革开放的先行地、探索科学发展的试验区，为率先全面建成小康社会、率先基本实现社会主义现代化而奋斗。"这是以习近平同志为核心的新一代领导集体对广东提出的热切期望和要求，同时也是广东第三次起飞的新动力和新契机。广东经济体量大、带动力强，在新时代的发展建设中广东要当好排头兵，勇挑重担，发挥更大作用。

在新时代的发展建设中，广东有多种优势。

以创新为首的新发展理念是新时代坚持和发展中国特色社会主义的十四条基本方略之一，创新驱动发展是全面建成小康社会决胜期必须坚持的七大战略之一，加快建设创新型国家是新时代的重要发展任务。而广东在创新发展的领域既有深厚的岭南文化底蕴，又有改革开放近40年来集聚的成功经验和丰厚家底，这势必为新时代广东率先建成创新型区域注入强大动力。广深科技创新走廊的建设，将打造一个更具新型科技创新品质的"中国硅谷"，成为全国创新发展的重要一极。据统计，截至2016年年底，广东特别是珠三角地区已建有25家国家重点实验室、16家国家工程研究中心、97家新型研发机构、449家科技企业孵化器，集中布局国家超级计算广州中心、国家超级计算深圳中心、东莞散裂中子源、大亚湾中微子实验室、深圳国家基因库等重大科技基础设施。这都将为广东率先实施创新发展战略发挥核心作用。当然，作为国家创新发展的重要一极，目前广东的科研基础还有很大的提升空间，需要在政策上更加重视，在财政上给予更多投入，并出台有针对性的措施，吸引全球的创新人才和创新资源汇聚广东。

在社会主义建设的新时代，中国对外开放的大门不会关闭，只会越开越大。党的十九大提出要以"一带一路"建设为重点，坚持"引进来"和"走出去"并重，遵循共商共建共享原则，加强创新能力开放合作，形成陆海内外联动、东西双向互济的开放格局。而将赋予自由贸易试验区更大的改革自主权，探索建设自由贸易港，是这种深层次大开放战略下的众多富有远见的措施之一。保护外商投资合法权益，凡是在我国境内注册的企业，都要一视同仁、平等对待，则为开放战略的实施提供了必要的基础。

大开放战略的实施，是岭南与岭南文化发挥其优势的又一阵地。海上丝绸之路的千年足迹已证明了开放带来发展的真理，近40年广东经济起飞的奇迹再次证明只有放眼世界才能决胜于全球化的新时代。因此，"向海而生"的岭南文化传统在新时代应当被进一步发扬光大，引领全国融入世界发展大潮，与"一带一路"沿线国家一起，与全世界的贸易伙伴一起，建设健康有序发展、共商共建共享的人类命运共同体。具体而言，则应当突出岭南既有的智力优势和技术优势，在全世界为"中国创造"赢得更多的信赖和更大的市场；应当发挥广州等地的海港优势，积极推进粤港澳大湾区建设，促进内部资源整合，提升对外交往层次，扩大和优化内外输送能力与交流内容，实现海上丝绸之路的高速化和高效化；应当发挥岭南文化的软实力，利用遍布全球的岭南人脉网络，在积极引进先进科技成果的同时，向世界传递中国智慧，发出中国声音，促进中国在世界舞台上发挥更积极的作用，扮演更重要的角色。在"引进来"的软环境上，岭南地区更有得天独厚的优势。海上丝绸之路的千年往来，不但使岭南儿女最早认识了世界并参与了世界各地的开发建设，而且使世界最早认识了岭南，并使岭南成为世界认识中国的主要渠道。岭南地区作为"开放的窗口"，并不是近40年的新鲜角色，而是千百年实践之后的实至名归。早在唐宋时代，广州等沿海港口城市就已形成外商的聚居区，与外来民族、外来文化和谐相处、互信兼容、互相学习，是千百年来岭南地区独步于全国的重要特色。这一特色不但要在岭南继续发扬，更应在全国宣传推广。

　　大开放战略的目标之一，是建设贸易强国。目前，我国开放型经济新体制已逐步健全，对外贸易、对外投资、外汇储备稳居世界前列。今后的方向，是进一步拓展对外贸易，培育贸易新业态新模式，实行高水平的贸易和投资自由化、便利化政策，全面实行准入前国民待遇加负面清单管理制度，大幅度放宽市场准入，扩大服务业对外开放，创新对外投资方式，促进国际产能合作，形成面向全球的贸易、投融资、生产、服务网络，加快培育国际经济合作和竞争新优势。

　　在对外贸易方面，广东始终是全国贸易强省，因此在贸易强国的建设中角色关键、责任重大。广东也有能力引领和带动全国对外贸易的新发展。这一点从我们在本书前文的历史回顾中处处可以显现。而在近40年的改革与发展历程中，广东的外贸带动作用更加突出。在改革开放初期，长期封闭的国门甫一打开，广东就因岭南人近代以来在海外集聚的亲情和人脉，吸引了大量投资，并转化为对外贸易的井喷式发展。来料加工、来样加工、来件装

配和补偿贸易这"三来一补",是广东人创造性地构建的贸易模式。由外商提供设备、投资建厂房、提供原材料、来样,并负责全部产品的外销,由中国企业提供土地、厂房、劳力。这种创新型的贸易模式最大限度地发挥了当时我国的人力资源优势和投资环境优势,同时以最便利的方式使"广东制造"融入了世界市场。这一模式迅速助推了广东经济腾飞,成就广东外经贸大省和"世界工厂"的地位。

进入 21 世纪以来,随着人力资源和生产成本的上升,随着国际市场的变化和竞争的加剧,特别是全球金融危机造成市场萎缩的情况下,曾经辉煌一时的"三来一补"显露出低水平"制造"的诸多弊端,面临巨大挑战。在此背景下,广东人不断转变思路,谋求生产和贸易各方面的创新,在贸易中突出"创造"优势,从而在全球贸易下行的巨大压力下逆风飞扬,交出了令人振奋的答卷。从 2016 年数据来看,广东外贸表现优于全国,全年实现货物贸易进出口总值 6.3 万亿元人民币,占全国份额超 1/4,其中出口份额占全国比例超 28%,提升 0.2 个百分点。2016 年,广东一般贸易占比达到 43.4%,首次超过加工贸易,高出 5 个百分点。而且即便是加工贸易,纯来料加工的比例不到 30%,超过 70% 拥有自主知识产权和自主品牌。

进入新时代,扎根于岭南文化的深厚底蕴,依托海上丝绸之路的千年积淀,在十九大贸易强国战略的引领之下,广东的对外贸易发展必将迎来新的春天。目前,广东的自贸区建设已经卓有成效。2016 年,南沙、前海、横琴 3 个自贸片区共吸引外资项目 3 488 个,吸收合同外资 488.9 亿美元。广东在全国率先发布《广东省参与建设"一带一路"的实施方案》,成为全国首个与国家"一带一路"倡议规划衔接并印发实施方案的省份。广东商务和发改部门的数据显示,2014 年,广东对"一带一路"沿线国家实际投资为 17.2 亿美元。而到了 2016 年,广东对"一带一路"沿线国家的实际投资超过 40 亿美元,同比增长 65.3%。2017 年的增长势头同样强劲。国家信息中心 2017 年 10 月 12 日发布的《"一带一路"大数据报告(2017)》显示,在"一带一路"省市参与度指数测评中,广东位居第一。十九大提出探索建设自由贸易港,广东也有极好的基础和先发优势,必将大有可为。在引领全国构建开放型经济新格局、建设贸易强国的道路上,广东必然如改革开放初期一样,攻坚克难、锐意创新,发挥核心与关键的作用。

党的十九大指出,在中国特色社会主义的新时代,我国社会主要矛盾已经转化为人民日益增长的美好生活需要和不平衡不充分的发展之间的矛盾。我国目前在社会生产能力的很多方面进入世界前列,发展不平衡不充分已经

"一带一路"倡议图

成为满足人民日益增长的美好生活需要的主要制约因素。共建共享、共同富裕是今后更加突出的工作任务。广东经过改革开放近40年的努力拼搏，经济发展率先迈向中高端。目前，广东的经济总量约占全国的1/9，来源于广东的财政总收入约占1/8，外贸进出口约占1/4，累计吸收外资约占1/4，对全国的经济总量和经济结构发挥了"双支撑"作用。广东的改革与发展得到全党全国的充分肯定，广东的责任与角色也更加明确。因此，广东应当在习近平总书记"四个坚持、三个支撑、两个走在前列"的指示指导下，在解决发展不平衡不充分的问题时扮演好引领者、输出者的角色，在省内兼顾珠三角与粤东、粤北、粤西的发展平衡，打好脱贫攻坚战，在国内带动内地特别是西部省份的发展进步。近年来"幸福广东"的建设已经让"共建共享"的理念在岭南大地深入人心、见诸行动。发展经济是手段，其目的是为了提高人民群众的生活水平，让人民群众得到幸福，这已是广东全省上下的共识。广东经验也在全国产生了积极的影响，广东的发展成果也通过对口支援、泛珠江三角洲共建等战略措施惠及全国。广东在全国共建共享、共同富

裕道路上的责任感与付出，无不体现着岭南文化中目光长远、顾全大局、团结协作的深厚底蕴。

　　回首广东的发展道路，地缘优势、政策优势等都发挥了不可忽视的作用，但是以岭南文化为底蕴的广东精神，以千年丝绸之路实践为基础的广东经验，无疑是广东率先发展的重要能量来源。在"敢为人先、务实进取、开放兼容、敬业奉献"的广东精神驱动下，近40年来广东以"杀出一条血路"的决心气魄和"摸着石头过河"的探索实践赢得了改革与发展的一片蓝天。在新时代的新发展，广东应进一步弘扬岭南文化精神，出色地完成党和时代赋予的新使命。

参考文献

[1]〔汉〕杨孚. 南裔异物志.
[2]〔汉〕刘安. 淮南子［M］. 哈尔滨：北方文艺出版社，2016.
[3]〔汉〕司马迁. 史记［M］. 北京：线装书局，2016.
[4]〔后晋〕刘昫，等. 旧唐书.
[5]〔南朝·梁〕萧子显. 南齐书.
[6]〔隋〕魏征，等. 隋书.
[7]〔唐〕韩愈. 泷吏.
[8]〔唐〕李吉甫. 元和郡县志.
[9]〔唐〕元开. 唐大和上东征传.
[10]〔宋〕司马光. 资治通鉴.
[11]〔宋〕苏轼. 潮州韩文公庙碑.
[12]〔宋〕余靖. 武溪集.
[13]〔宋〕李昉，等. 太平广记［M］. 北京：中华书局，1961.
[14]〔宋〕欧阳询. 艺文类聚［M］. 上海：上海古籍出版社，2011.
[15]〔明〕郭棐. 广东通志.
[16]〔清〕朱寿朋，等. 东华续录.
[17]〔清〕蓝鼎元. 潮州海防图说.
[18]〔清〕王彦威. 清季外交史料.
[19]〔清〕魏源. 海国图志.
[20]〔清〕吴震方. 岭南杂记.
[21]〔清〕张荫桓. 三洲日记.
[22]〔清〕何启，胡礼垣. 新政真诠［M］. 桂林：广西师范大学出版社，2015.
[23]〔清〕王先谦. 尚书孔传参正［M］. 北京：中华书局，2011.

[24] 〔清〕郑观应. 盛世危言 [M]. 北京：中华书局，2013.
[25] 〔清〕仇巨川. 羊城古钞 [M]. 陈宪猷，校注. 广州：广东人民出版社，1993.
[26] 广州市地方志编纂委员会办公室. 元大德南海志残本（附辑佚）[M]. 广州：广东人民出版社，1991.
[27] 梁廷枏. 粤海关志 [M]. 广州：广东人民出版社，2014.
[28] 张星烺. 中西交通史料汇编 [M]. 朱杰勤，校订. 北京：中华书局，2003.
[29] 北京市历史学会. 吴晗史学论著选集 [M]. 北京：人民出版社，1986.
[30] 韩强. 岭海文化——海洋文化视野与"岭南文化"重新定位 [M]. 广州：花城出版社，2014.
[31] 黄启臣. 海上丝路与广东古港 [M]. 香港：中国评论学术出版社，2006.
[32] 黄树森. 广东九章——经典大家为广东说了什么 [M]. 广州：广东人民出版社，2006.
[33] 黄松. 齐鲁文化 [M]. 沈阳：辽宁教育出版社，1991.
[34] 李庆新. 濒海之地——南海贸易与中外关系史研究 [M]. 北京：中华书局，2010.
[35] 李权时，李明华，韩强. 岭南文化（修订本）[M]. 广州：广东人民出版社，2010.
[36] 李宗桂. 中国文化概论 [M]. 广州：中山大学出版社，1988.
[37] 梁嘉彬. 广东十三行考 [M]. 广州：广东人民出版社，1999.
[38] 梁启超. 戊戌政变记 [M]. 长沙：岳麓书社，2011.
[39] 刘良佑. 陶瓷之路 [M]. 北京：中信出版社，2016.
[40] 穆根来，等. 中国印度见闻录 [M]. 北京：中华书局，1983.
[41] 欧初，王贵忱. 屈大均全集（四）[M]. 李默，校点. 北京：人民文学出版社，1996.
[42] 沈定平. 明清之际中西文化交流史 [M]. 北京：商务印书馆，2001.
[43] 石源华. 中外关系史三百题 [M]. 上海：上海古籍出版社，1991.
[44] 王培楠，等. "一带一路"广东要览 [M]. 广州：广东经济出版社，2016.
[45] 熊月之. 中国近代民主思想史（修订本）[M]. 上海：上海社会科学院出版社，2002.
[46] 郑友揆，程麟荪. 中国的对外贸易和工业发展 [M]. 北京：中国社会科学院出版社，1984.

[47] 周振鹤. 汉书地理志汇释 [M]. 合肥：安徽教育出版社，2006.

[48] 冯达文. 两汉思想与信仰 [M]. 成都：巴蜀书社，2013.

[49] [古阿拉伯] 胡尔达兹比赫. 道里邦国志 [M]. 宋岘，译. 北京：中华书局，1991.

[50] [古阿拉伯] 马苏第. 黄金草原 [M]. 耿昇，译. 西宁：青海人民出版社，1998.

[51] [德] 贡德·弗兰克. 白银资本——重视经济全球化中的东方 [M]. 刘北成，译. 北京：中央编译出版社，2008.

[52] [法] 费尔南·布罗代尔. 十五至十八世纪的物质文明、经济与资本主义 [M]. 顾良，施康强，译. 北京：生活·读书·新知三联书店，2002.

[53] [葡] 多默·皮列士. 东方志——从红海到中国 [M]. 何高济，译. 北京：中国人民大学出版社，2012.

[54] [日] 三上次男. 陶瓷之路 [M]. 李锡经，高喜美，译. 北京：文物出版社，1984.

[55] [英] 李约瑟. 中国科学技术史 [M]. 汪受琪，等译. 北京：科学出版社，2008.

[56] 白建灵. 唐宋时期穆斯林蕃坊的性质、特点及演变 [J]. 回族研究，2015（1）：47-53.

[57] 鲍志成. 跨文化视域下丝绸之路的起源和历史贡献 [J]. 丝绸，2016（1）：71-80.

[58] 蔡鸿生. 清代广州行商的西洋观——潘有度《西洋杂咏》评说 [J]. 广东社会科学，2003（1）.

[59] 蔡景峰. 唐以前的中印医学交流 [J]. 中国科技史料，1986（6）：16-23.

[60] 曹增友. 法国在华传教士的科技活动及其影响 [J]. 中国科技史料，1991（3）：15-23.

[61] 曾成贵. 三民主义：共产国际的解释与孙中山的理论创造 [J]. 江西师范大学学报（哲学社会科学版），2005（4）：90-94.

[62] 曾昭璇，曾宪珊. 宋代珠玑巷移民对珠江三角洲的开发 [J]. 学术研究，1997（10）：52-53.

[63] 曾昭璇，曾宪珊. "海上丝路"史事拾摭 [C] //岭峤春秋——海洋文化论集. 广州：广东人民出版社，1997. 17-18.

[64] 曾昭璇, 曾宪珊. 论我国海洋文化发展与珠海市建设 [C] //岭峤春秋——海洋文化论集. 广州: 广东人民出版社, 1997. 17-18.

[65] 昌庆志. 文学视野下的唐代岭南商业文化 [J]. 柳州师专学报, 2005 (2): 26-29.

[66] 车垠和. 明州出海唐商的兴起与东亚贸易格局 [J]. 社会科学辑刊, 2008 (5): 139-143.

[67] 陈奉林. 东方外交与古代西太平洋贸易网的兴衰 [J]. 世界历史, 2012 (6): 35-50.

[68] 陈洪波. 古代佛教入华的岭南交广海路及其影响 [J]. 广西民族师范学院学报, 2012 (1): 41-44.

[69] 陈建森. 关于区域文化研究视域和价值取向的思考——以岭南文化为例 [J]. 华南师范大学学报 (社会科学版), 2008 (4): 6-8.

[70] 陈精精. 浅析广州十三行 [J]. 文史博览 (理论), 2013 (3): 23-25.

[71] 陈君静. 明中叶浙东海上私人贸易及其影响 [J]. 宁波大学学报 (人文科学版), 2003 (2): 98-101.

[72] 陈明. 译释与传抄: 丝路汉文密教文献中的外来药物书写 [J]. 世界宗教研究, 2016 (1): 28-49.

[73] 陈平平. 郑和下西洋与明代中外农业交流的发展 [J]. 南京晓庄学院学报, 2007 (4): 65-69.

[74] 陈泽泓. 岭南文化"远儒性"说的逆命题 [J]. 岭南文史, 2010 (2): 21-28.

[75] 程潮. 论岭南的汉化和儒化历程 [J]. 广州大学学报 (社会科学版), 2002 (7): 54-58.

[76] 程慧娟, 章健. 《医宗金鉴》人痘术探析 [J]. 中国民间疗法, 2013 (9): 5-6.

[77] 戴建兵, 陈晓荣. "传教士与翻译: 近现代的中西文化交流"国际学术研讨会综述 [J]. 高校社科信息, 2004 (6): 16-19.

[78] 丁顺茹. 论西方传教士在明清之际中西文化交流中的作用 [J]. 广州师院学报, 1997 (3): 52-59.

[79] 丁希凌. 未来文明的出路在海洋 [C] //岭峤春秋——海洋文化论集. 广州: 广东人民出版社, 1997. 175-177.

[80] 董春林, 赵双叶. "香药之路"的文化路径——宋代与东南亚交流路线再探讨 [J]. 成都师范学院学报, 2015 (2): 20-24.

[81] 董少新. 论邱熺与牛痘在华之传播 [J]. 广东社会科学, 2007（1）: 134-140.

[82] 杜经国, 程杰. 试论太平天国反对封建文化的斗争 [J]. 社会科学, 1979（4）: 67-72.

[83] 杜正胜. 从医疗史看道家对日本古代文化的影响 [J]. 中国历史博物馆馆刊, 1993（2）: 19-25.

[84] 樊军辉, 葛彬, 杨江河. 浅谈明清传教士传播天文知识的贡献及其局限性 [J]. 湖南文理学院学报（社会科学版）, 2008（4）: 89-92.

[85] 范磊, 欧阳兵. 试析《太平惠民和剂局方》盛行的原因及其影响 [J]. 甘肃中医, 2009（1）: 8-10.

[86] 冯立军. 古代中国与东南亚中医药交流 [J]. 南洋问题研究, 2002（3）: 8-19.

[87] 高乐华. 中国海洋文明地理空间结构研究 [J]. 中国海洋大学学报（社会科学版）, 2016（5）: 53-58.

[88] 葛永明, 杨桂珍. 徐福与海上丝绸之路东方航线 [J]. 大陆桥视野, 2016（11）: 81-84.

[89] 龚郭清. 论戊戌维新时期康有为的"孔教"构思 [J]. 天津社会科学, 2006（6）: 129-135.

[90] 管彦波. 明代的舆图世界: "天下体系"与"华夷秩序"的承转渐变 [J]. 民族研究, 2014（6）: 101-110.

[91] 郭永芳. 康熙与自然科学 [J]. 自然辩证法通讯, 1983（5）: 50-58.

[92] 韩华. 梁济自沉与民初信仰危机 [J]. 清史研究, 2006（1）: 55-69.

[93] 韩强. 广东地域文化特质、地位与岭海主概念 [J]. 探求, 2016（3）: 14-20.

[94] 韩强. 广府在古代中国外贸体制中的地位及其文化分析. 佛山科学技术学院学报（社会科学版）, 2014（6）: 1-2.

[95] 韩天琪. 从丝绸之路传来的农作物 [J]. 决策与信息, 2015（12）: 73-74.

[96] 韩昭庆. 康熙《皇舆全览图》与西方对中国历史疆域认知的成见 [J]. 清华大学学报（哲学社会科学版）, 2015（6）: 123-142.

[97] 何桂春. 明末至近代天主教和新教在华活动比较研究 [J]. 福建师范大学学报（哲学社会科学版）, 1991（4）: 93-99.

[98] 何哲. 清代的西方传教士与中国文化 [J]. 故宫博物院院刊, 1983

(2): 17-27.

[99] 贺茹, 朱宏斌, 刘英英. 唐代丝绸之路中外文化交流的特点 [J]. 运城学院学报, 2015 (1): 27-31.

[100] 贺圣达. 海上丝绸之路与中国的对外文化交流——以中国与东南亚的文化交流为例 [J]. 东南亚南亚研究, 2016 (2): 66-73.

[101] 胡凡, 王建中. 阮元与嘉道时期岭南文化的发展 [J]. 大连大学学报, 2003 (3): 32-36.

[102] 胡巧利. 广东方志与岭南文化 [J]. 广东史志, 1999 (3): 69-73.

[103] 胡水凤. 大庾岭古道开拓对赣粤地区经济开发的影响 [J]. 宜春师专学报, 1999 (4): 64-67.

[104] 黄洁薇. 华侨文化对岭南文化发展的影响 [J]. 黑龙江史志, 2012 (12): 45-46.

[105] 黄静. 浅论先秦时期岭南文化的特点 [J]. 首都师范大学学报 (社会科学版), 1997 (1).

[106] 黄启臣, 庞秀声. 中国人痘接种医术的西传 [J]. 寻根, 2000 (5): 16-20.

[107] 黄启臣. 清代海上丝绸之路的中美贸易——兼论广州 "一口通商" 的始发港地位 [J]. 岭南文史, 2014 (2): 10-16.

[108] 黄启臣. 清代前期海外贸易的发展 [J]. 历史研究, 1986 (4): 151-170.

[109] 黄启臣. 人痘西传与牛痘东渐——丝绸之路的文化效应之一 [J]. 海交史研究, 1999 (1): 34-40.

[110] 黄伟宗. 珠江文化与海洋文化 [J]. 岭南文史, 2013 (2) 7-14.

[111] 季羡林, 王邦维. 义净和他的《南海寄归内法传》[J]. 文献, 1989 (1): 164-178.

[112] 江争红, 马陵合. 清代 "广东十三行" 贸易制度下行商衰落原因探析——基于垄断租金的视角 [J]. 贵州社会科学, 2015 (9): 144-151.

[113] 匡裕从. 试论元代的纸钞 [J]. 文史哲, 1980 (3): 25-29.

[114] 蓝百. 日本汉方医学的变迁 [J]. 中医药学报, 1985 (3): 54-56.

[115] 黎厚力. 珠玑古巷话沧桑 [J]. 商业经济文荟, 1987 (3): 64.

[116] 李发枝. 古代人参名实补考 [J]. 中国医药学报, 1992 (4): 58-59.

[117] 李海英. 张保皋商团与9世纪东亚海上丝绸之路——以《入唐求法巡礼行记》为例 [J]. 哈尔滨学院学报, 2016 (4): 120-126.

[118] 李计筹. 民国时期广州的种痘事业 [J]. 南京中医药大学学报（社会科学版），2014（2）：88-94.

[119] 李金明. 十六世纪后期至十七世纪初期中国与马尼拉的海上贸易 [J]. 南洋问题研究，1989（1）：70-79.

[120] 李锦绣. 古代"丝瓷之路"综论 [J]. 新疆师范大学学报（哲学社会科学版），2017（4）：53-60.

[121] 李晋江. 指南针、印刷术从海路向外西传初探 [J]. 福建论坛（文史哲版），1992（6）：64-68.

[122] 李军. 宋元"海上丝绸之路"繁荣时期广州、明州（宁波）、泉州三大港口发展之比较研究 [J]. 南方文物，2005（1）：76-82.

[123] 李琳荣，施怀生，王宏. 人痘接种术的消亡与理论中医学的责任 [J]. 山西中医学院学报，2000（2）：45-47.

[124] 李庆，戚印平. 晚明崖山与西方诸国的贸易港口之争 [J]. 浙江大学学报（人文社会科学版），2017（3）：20-30.

[125] 李庆新. 从考古发现看秦汉六朝时期的岭南与南海交通 [J]. 史学月刊，2006（10）：10-17.

[126] 李庆新. 明代市舶司制度的变态及其政治文化意蕴 [J]. 海交史研究，2000（1）：72-83.

[127] 李庆新. 唐代南海交通与佛教交流 [J]. 广东社会科学，2010（1）：118-126.

[128] 李玉宏. 试论张九龄开凿大庾岭驿道的意义——从大庾岭的战略地位及广州商业外贸发展方面探讨 [J]. 韶关师专学报，1985（1）：38-46.

[129] 梁旭达. 论秦汉时期岭南越人和汉族的文化交流与民族融合 [J]. 贵州民族研究，1986（1）：60-66.

[130] 廖声丰. 乾隆实施"一口通商"政策的原因——以清代前期海关税收的考察为中心 [J]. 江西财经大学学报，2007（3）：89-94.

[131] 廖育群. 牛痘法在近代中国的传播 [J]. 中国科技史料，1988（2）：36-44.

[132] 林富堂. 中国古代勾股定理研究的成就 [J]. 铁道师院学报，1994（1）：52-58.

[133] 林俊风. 论岭南文化的人文价值 [J]. 神州民俗（学术版），2010（2）：81-83.

[134] 刘凤鸣. 唐中后期东方海上丝绸之路繁荣原因探析［J］. 中国高校社会科学, 2015（6）: 73-85.

[135] 刘凤鸣. 押新罗渤海两蕃使与东方海上丝绸之路的繁荣［J］. 鲁东大学学报（哲学社会科学版）, 2010（5）: 39-42.

[136] 刘军. 明清时期"闭关锁国"问题赘述［J］. 财经问题研究, 2012（11）: 21-30.

[137] 刘启振, 张小玉, 王思明. 丝绸之路引种中国的油料作物及其传播动因［J］. 中国野生植物资源, 2017（1）: 1-3.

[138] 刘启振, 王思明. 陆上丝绸之路传入中国的域外农作物［J］. 中国野生植物资源, 2016（6）: 5-11.

[139] 刘思媛, 曹树基. 明清时期天花病例的流行特征——以墓志铭文献为中心的考察［J］. 河南大学学报（社会科学版）, 2015（3）: 65-70.

[140] 刘晓军. 蒙元时期回回人对中西科技交流的贡献［J］. 重庆科技学院学报（社会科学版）, 2008（5）: 153-154.

[141] 刘兴诗. 中国古代海事活动与海权意识［J］. 成都理工大学学报（社会科学版）, 2014（5）: 65-73.

[142] 刘旭. 明清之际西方火器引进初探［J］. 湘潭大学学报（哲学社会科学版）, 1995（4）: 38-43.

[143] 刘学礼. 中国古代的免疫思想与人痘接种术［J］. 医学与哲学, 1993（11）: 51-53.

[144] 刘永连. 岭南海路与丝绸外销［J］. 丝绸, 2005（1）: 48-51.

[145] 刘泽生. 英国东印度公司在澳穗医生与近代医学交流［J］. 广东史志, 1999（3）: 35-37.

[146] 柳平生, 葛金芳. 南宋市舶司的建置沿革及其职能考述［J］. 浙江学刊, 2014（2）: 20-31.

[147] 陆韧, 苏月秋. 宋代海上丝绸之路广西口岸发展与西南地区的交通贸易［J］. 长安大学学报（社会科学版）, 2016（2）: 141-148.

[148] 吕变庭, 王丽芹. 论穆斯林对宋代社会风俗的影响［J］. 青海民族研究, 2006（1）: 66-73.

[149] 马敏. 论孙中山的现代国家建设思想［J］. 华中师范大学学报（人文社会科学版）, 1998（4）: 12-23.

[150] 马明中. 中国四大发明及其对世界历史的影响［J］. 绥化师专学报, 2001（1）: 101-103.

[151] 马伟明. 岭南文化形成与发展的历史地理基础浅论 [J]. 长沙大学学报, 2010 (1): 75-76.

[152] 马英明. 广州通海夷道与中阿交往 [J]. 广州航海高等专科学校学报, 2010 (3): 33-35.

[153] 马英明. 唐代广州通海夷道的繁盛 [J]. 中小企业管理与科技 (上旬刊), 2009 (10): 117-118.

[154] 马勇. 东南亚与海上丝绸之路 [J]. 云南社会科学, 2001 (6): 77-81.

[155] 闵宗殿. 海外农作物的传入和对我国农业生产的影响 [J]. 古今农业, 1991 (1): 1-11.

[156] 聂慧丽. 新文化运动时期梁漱溟对儒学的阐释 [J]. 河南师范大学学报 (哲学社会科学版), 2010 (4): 149-151.

[157] 欧安年. 《萍洲可谈》涉及的岭南海洋文化 [J]. 广州大学学报 (综合版), 1999 (1): 79-81.

[158] 彭吉. 隋唐时期中日医学交流简况 [J]. 医学与社会, 2002 (1): 37-38.

[159] 彭玉平. 岭南文化: 文化受容与文化转境 [J]. 华南师范大学学报 (社会科学版), 2009 (4): 122-124.

[160] 彭泽益. 清初四榷关地点和贸易量的考察 [J]. 社会科学战线, 1984 (3): 128-133.

[161] 彭泽益. 清代广东洋行制度的起源 [J]. 历史研究, 1957 (1): 1-24.

[162] 秦国经. 18世纪西洋人在测绘清朝舆图中的活动与贡献 [J]. 清史研究, 1997 (1): 37-44.

[163] 施诚. 早期近代世界贸易的主要商品及财富流向 [J]. 史学集刊, 2016 (2): 72-88.

[164] 史革新. 程朱理学与晚清"同治中兴" [J]. 近代史研究, 2003 (6): 72-104.

[165] 宋岘. 《回回药方》与几种阿拉伯古代医书 [J]. 西域研究, 1991 (3): 79-85.

[166] 唐廷猷. 宋代官药局成药标准《太平惠民和剂局方》[J]. 中国现代中药, 2015 (5): 413-417.

[167] 唐孝祥. 试论近代岭南文化的基本精神 [J]. 华南理工大学学报 (社会科学版), 2003 (1): 19-22.

[168] 汪松涛. 论岭南晚清文化特质 [J]. 岭南文史, 1997 (1): 10-18.

[169] 王保国. 从一元独尊到多元并举: 汉唐间中原文化的嬗变 [J]. 华北水利水电学院学报 (社会科学版), 2007 (4): 18-21.

[170] 王宏星. 唐至北宋明州港南下航路与贸易 [C] // 宁波"海上丝绸之路"学术研讨会论文集. 中国中外关系史学会, 等, 2005.

[171] 王巨新. 清朝与缅甸、暹罗封贡关系比较研究 [J]. 广州大学学报 (社会科学版), 2010 (11): 92-96.

[172] 王丽英. 简论清代前期的外商政策 [J]. 惠州学院学报 (社会科学版), 2006 (2): 23-27.

[173] 王薇, 林杰. 论中朝两国间最早的谈判贸易——兼及明惠帝的对朝政策 [J]. 天津师范大学学报 (社会科学版), 2003 (2): 23-27.

[174] 王文峰. 微观视野下的中西科技文化交流——以明清时期西方科技著作汉译化为例 [J]. 科技信息, 2010 (24): 462-463.

[175] 王颜, 屈华. 唐代关中地区医药学发展与中外文明交流 [J]. 咸阳师范学院学报, 2016 (5): 73-80.

[176] 王子今. 岭南移民与汉文化的扩张——考古资料与文献资料的综合考察 [J]. 中山大学学报 (社会科学版), 2010 (4): 110-116.

[177] 王子今. 秦汉时期的海洋开发与早期海洋学 [J]. 社会科学战线, 2013 (7): 86-96.

[178] 温翠芳. 从沉香到乳香——唐宋两代朝贡贸易中进口的主要香药之变迁研究 [J]. 西南大学学报 (社会科学版), 2015 (5): 196-204.

[179] 吴孟华, 赵中振, 曹晖. 唐宋外来药物的输入与中药化 [J]. 中国中药杂志, 2016 (21): 4076-4082.

[180] 吴廷璆, 郑彭年. 佛教海上传入中国之研究 [J]. 历史研究, 1995 (2): 20-39.

[181] 伍显军. 论温州在"海上丝绸之路"史上的重要地位 [J]. 福建文博, 2013 (2): 2-13.

[182] 武彦. 针灸传日早期史实的若干考证 [J]. 南京中医药大学学报 (社会科学版), 2013 (2): 73-78.

[183] 夏增民. 由广州南越王墓所见文化遗存透视岭南文化变迁 [J]. 华夏考古, 2010 (1): 105-109.

[184] 向玲, 戴伟华. 唐代广州之"通海夷道"与文化记忆 [J]. 中国名

城, 2011 (8): 31-35.

[185] 辛土成. 论汉族与百越民族的关系 [J]. 厦门大学学报（哲学社会科学版）, 1993 (1): 80-84.

[186] 徐光台. 方孔炤"《崇祯历书》约"来源新证 [J]. 自然科学史研究, 2010 (4): 404-420.

[187] 徐杰舜. 中国古代海洋文化特质试析 [C] //岭峤春秋——海洋文化论集. 广州: 广东人民出版社, 1997. 290.

[188] 徐桑奕. 明清时期中央政权南海管制式微与海上丝绸之路的衰落 [J]. 历史教学（下半月刊), 2014 (6): 9-13.

[189] 徐新平. 论维新派新闻自由观 [J]. 新闻与传播研究, 2010 (5): 17-26.

[190] 徐映奇. 近代广东基督教教案成因述略 [J]. 广州大学学报（社会科学版）, 2004 (12): 12-16.

[191] 徐映奇. 清代闭关锁国政策新论 [J]. 广州社会主义学院学报, 2004 (1): 65-69.

[192] 徐映奇. 中法战争时期广东基督教教案与岭南文化特性 [J]. 广东省社会主义学院学报, 2004 (3): 74-77.

[193] 许桂灵. 华侨文化对岭南文化风格的影响 [J]. 岭南文史, 2014 (3): 20-23.

[194] 许永璋. 有关大秦国使者访华的几个问题 [J]. 殷都学刊, 1994 (3): 27-32.

[195] 薛熙明, 魏雷. 广东基督教文化与岭南文化之整合研究 [J]. 热带地理, 2008 (1): 86-91.

[196] 严耀中.《隋书·经籍志》中婆罗门典籍与隋以前在中国的婆罗门教 [J]. 世界宗教研究, 2009 (4): 107-116.

[197] 颜广文. 元代粤西驿道驿站考略 [J]. 中国边疆史地研究, 1996 (1): 24-32.

[198] 杨国桢. 洋商与澳门——广东十三行文书续探 [J]. 中国社会经济史研究, 2001 (2): 43-53.

[199] 杨鸿, 周志彬, 向劲松等. 中医学与印度传统医学的关系 [J]. 中医文献杂志, 2013 (5): 18-21.

[200] 杨少祥. 试论徐闻、合浦港的兴衰 [J]. 海交史研究, 1985 (1): 34-39.

[201] 叶显恩. 广东古代水上交通运输的几个问题 [J]. 广东社会科学, 1988 (1): 97-107.

[202] 尹伶俐. 论岭南海洋文化传承与创新的价值 [J]. 广州航海学院学报, 2015 (4): 47-49.

[203] 王乃信, 王树林. 关于刘徽的割圆术 [J]. 西北农业大学学报, 1997 (4): 99-103.

[204] 张超凡. 论水运条件对明清时期湘潭经济的影响 [J]. 湘南学院学报, 2016 (4): 38-41.

[205] 张春雷. 论中原移民对岭南文化的影响 [J]. 中州学刊, 2013 (8): 137-140.

[206] 张东. 20世纪80年代以来中国魏晋南北朝文化史研究综述 [J]. 新疆社科论坛, 2007 (3): 70-77.

[207] 张君君, 朱宏斌. 宋元时期中外饮食文化交流 [J]. 兰台世界, 2016 (12): 123-127.

[208] 张树栋. 印刷术西传的背景、路线及来自欧洲人的记述 [J]. 固原师专学报, 1999 (1): 53-58.

[209] 张昭军. 近代中国的"文化自觉" [J]. 北京师范大学学报 (社会科学版), 2007 (1): 82-87.

[210] 赵春晨, 陈享冬. 论清代广州十三行商馆区的兴起 [J]. 清史研究, 2011 (3): 25-36.

[211] 赵春晨, 冷东. "明清以来中西文化交流与岭南社会变迁"学术研讨会综述 [J]. 清史研究, 2003 (1): 112-114.

[212] 赵和曼. 古代中国与柬埔寨的海上交通 [J]. 历史研究, 1985 (6): 137-153.

[213] 赵焕庭. 广州是华南海上丝绸之路最早的始发港 (Ⅱ) [J]. 热带地理, 2003 (4): 394-400.

[214] 郑德华. "一口通商"与"澳门航道" [J]. 学术研究, 1999 (12): 35-42.

[215] 郑师渠. 梁启超与新文化运动 [J]. 近代史研究, 2005 (2): 1-37.

[216] 周修东. 庵埠设关至汕头开埠期间的海关机构沿革 [J]. 韩山师范学院学报, 2015 (5): 64-70.

[217] 朱江. 扬州、海上丝绸之路与阿拉伯 [J]. 阿拉伯世界, 1992 (2): 36-38.

[218] 邹振环. 《英吉利国新出种痘奇书》与牛痘接种法在中国的传播 [J]. 编辑学刊, 1994 (5): 71-72.

[219] 左鹏军. 屈大均《广东新语》的诗性精神与文化寄托 [J]. 华南师范大学学报（社会科学版）, 2016 (5): 157-162.

[220] 陈义海. 对明清之际中西异质文化碰撞的文化思考 [D]. 苏州: 苏州大学, 2002.

[221] 刘月玲. 试论康有为孔教思想与实践 [D]. 西安: 陕西师范大学, 2009.

[222] 彭丹. 论清代广州十三行商人对岭南文化的贡献 [D]. 广州: 暨南大学, 2006.

[223] 王德军. 明清之际岭南政治生态多元化研究 [D]. 桂林: 广西师范大学, 2010.

[224] 朱鹏. 明代与清代前期广东的海上丝绸贸易 [D]. 广州: 暨南大学, 2003.

*编者在编写本书的过程中，参阅了大量教材、文件、网站资料及有关文献，并引用了一些论述和例文。部分参考书目附录于后，但由于篇幅所限，还有一些参考书目未能一一列出，在此谨向这些作者表示谢忱和歉意。